민중에게 다가간 독립운동가

이종일

민중에게 다가간
독립운동가

이종일

| **성주현** 지음 |

깨끗한 지조만으로도 인간은 존경받을 수 있다. 강풍노도의 세상에 약한 인간이 그 진실을 관철한다는 것은 그 사실만으로도 존귀한 것이다.

비록 무위의 생애를 지냈을망정 디오게네스의 이름이 흘러가는 세월 속에 매몰되지 않고 빛나고 있는 것은, 정포은鄭圃隱의 지조와 두문동杜門洞 선비들의 맑은 보신保身이 아직껏 유향遺香을 풍기고 있는 것도 골라수汨羅水에 투신한 굴원屈原을 사모하는 마음이 새로운 것도 모두 그 독야청청한 지조에 비롯되어지는 것이 아닌가.

의로운 해동만으로도 인간은 존경을 받아 마땅하다. 이利를 위해 이利를 좇아 광분하고 있는 세상에서 의로운 행동을 일으킨다는 것은 결코 쉬운 일은 아니다. 가냘픈 육신으로 천추의 대의를 감당한다는 것은 인간의 상식을 넘어선 곳에 의지를 가꾸었기 때문이고, 그 의지는 또한 심중에 천인력千人力·만인력萬人力이 있어야만 지탱할 수가 있다. 안중근 의사를 비롯한 독립지사들의 과감한 행동에 머리 숙이는 까닭이 여기에 있다.

이럴 때 항상 깨끗한 지조와 의로운 행동과 더불어 찬란하고 알맹이가 있을뿐더러 오늘에까지 실질적이고 문화적인 혜택이 있는 학문적인 실적까지를 겸유兼有한 인간이라고 하면 우리의 존숭尊崇은 이에서 극極한다고 말할 수가 있다.

이 글은 작기 이병주李炳注의 이종일에 대한 인물평이다. 이 평에 의하면, 이종일은 지조와 의로운 행동, 그리고 학문, 세 가지 요건을 갖춘 인물이다. 이종일은 곧 정몽주와 두문동 선비, 굴원의 지조, 안중근의 의롭고 과감한 행동, 학문적 실적을 겸비한 인물이었다. 이처럼 이종일은 68년의 생애를 애국애족하는 지조의 인물로 평가받고 있다.

그는 자신의 삶에 대한 기록을 남겼는데, 이를 비망록備忘錄이라 한다. 이 비망록은 40세가 되는 1898년부터 1922년까지 쓴 일기이다. 이 비망록은 그의 호를 따서 『옥파비망록沃坡備忘錄』 또는 『묵암비망록默菴備忘錄』이라고 하는데, 일반 학계에서는 『옥파비망록』이라 하며 천도교계에서는 『묵암비망록』이라 한다. 그가 남긴 비망록을 입장에 따라 다르게 사용하고 있는 것에 대한 아쉬움이 남기도 한다.

3·1운동 100주년을 앞두고 종교계뿐만 아니라 지방자치단체, 관

련 기념사업회 등에서 다양한 기념행사와 학술행사를 준비하고 있다. 3·1운동은 주지하듯 전 민족이 참여한 거대한 민중운동이었다. 그러다 보니 일부에서는 민족대표에 대해 폄하하는 사례가 없지 않다. 그렇다 하더라도 이종일을 포함한 민족대표의 역할은 결코 적지 않았다.

100년 전 3·1운동의 중심에 이종일이 있었다. 그는 독립선언서를 인쇄하고 배포했으며, 독립운동의 당위성을 당당하게 밝힌 인물이었다. 이 글을 계기로 잊힌 민족대표 이종일로서가 아니라 항상 민중을 지향한 독립운동가 이종일로서 기억되기를 바라마지 않는다.

2017년

성주현

차례

글을 시작하며 4

- 매화 향기를 품고 태어나다 8
- 과거에 급제하다 13
- 수신사로 일본을 방문하다 16
- 실학을 통해 개화사상을 받아들이다 25
- 개화 인물과 교류하다 38
- 독립협회와 민력회로 애국계몽운동에 참여하다 46
- 근대 학교 설립과 국문 연구에 참여하다 55
- 여성을 위해 『제국신문』을 창간하다 68
- 여성해방론으로 여성인권운동을 전개하다 82
- 동학사상에 호감을 갖고 천도교에 입교하다 90
- 천도구국단의 비밀결사를 조직하다 98
- 민중운동으로 3·1운동을 기획하다 112
- 독립선언서를 인쇄하고 민족대표로 서명하다 121
- 서대문형무소 옥중에서도 투쟁하다 129
- 출옥 후 제2 독립선언을 준비하다 138

이종일의 삶과 자취 148

참고문헌 150

찾아보기 153

매화 향기를 품고 태어나다

이종일은 1858년 11월 6일 충청남도 태안군 원북면 반계리에서 아버지 이교환李敎煥과 어머니 청풍淸風김씨 사이에서 장남으로 태어났다. 일부 기록에는 평안북도 성천 출생이라 되어 있지만, 이는 오류이다. 그의 본관은 성주星州이고, 호는 옥파沃坡, 천도교에서 부르는 도호는 묵암墨菴, 필명은 천연자天然子·중고산인中皐散人·중고中皐 등이 있다.

이종일은 전형적인 유학자 집안에서 태어났다. 이종일에게 가르침을 받은 역사학자 이병도李丙燾의 회고에 의하면, 그의 부친 이교환은 '향당鄕黨의 고사高士'로 칭송되던 인물로, 향리의 유학자였다. 그럼에도 불구하고 그의 아버지에 대한 기록이 남아 있지 않아 알려진 사항이 거의 없다.

이종일은 국내외적으로 혼란한 시기에 태어났다. 안으로는 봉건적 질서를 극복해야 하는 과제를, 밖으로는 서세동점의 위기를 극복해야 하는 과제를 안고 있었다. 특히 서울에서는 명화적明火賊이 출몰하기도 했다. 명화적은 조선 중기 이후 몰락 농민들이 집단화한 도적 무리로, 횃불을 들고 습격했기 때문에 붙은 이름이었다. 명화적의 주요 구성원은 행상·승려·행걸과 고용·투탁 등에 종사하던 자들로 대부분이 유민화流民化한 빈농이나 땅이 없는 백성들이었다.

조선 후기에는 농업기술이 발달하면서 농민층의 분화가 심해졌다. 빈농들은 농촌을 떠나 상공업에 종사하거나 심산유곡에 들어가 화전민이 되었고 일부는 떠돌아다니는 유민이 되었다. 이 유랑민들은 체제 모순에 저항하기 위하여 도적 무리에 가담하거나 비밀결사를 조직해 활동했다. 이렇게 각지에는 명화적이나 수적水賊 등 도적이 출몰하기 일쑤였고, 검계劍契나 살주계殺主契와 같은 비밀결사들이 활동하기도 했다. 명화적은 전국 각지에 출몰했는데, 이들은 관아나 양반지주의 집에 불을 지르고 재물을 약탈하거나 교통 요지에 매복하여 횃불로 위협하여 행인의 재물을 탈취했다.

그뿐만이 아니었다. 전염병이 창궐하고, 전국적으로 민란이 발생하여 일반 백성의 혼란은 가중되었다. 1862년 임술년에는 단성민란을 시작으로 진주민란·익산민란·회덕민란·제주민란·광주민란·함흥민란·남해민란 등 전국에서 민란이 발생했다. 이를 통칭 '임술농민항쟁壬戌農民抗爭'이라고 한다.

또한 서구제국주의 국가들이 통상을 요구해오면서 서양세력에 대한 위기의식을 갖게 되었다. 영국 상선 애서야말호는 부산 동래에 와서 통상을 요구했고, 러시아 함대도 원산에 와서 통상을 요구했다. 이러한 통상 요구로 서구세력에 대한 두려움이 확산되었다.

이종일 생가

이처럼 반봉건 인식이 확장되고 세세동점에 대한 위기감이 확산되어 가는 시기에 동학東學이 창도되었다. 1860년 4월 5일(음력) 경상북도 경주군 현곡면 가정리에서 수운 최제우崔濟愚에 의해 창도된 동학은, 성리학 이데올로기의 신분제를 해체하고 척양척왜의 기치를 내걸며 민중 속에 뿌리를 내렸다.

이종일이 태어난 반계리는 태안에서도 서쪽에 치우쳐 있다. 그가 태어날 당시에는 북이면北二面 정포리碇浦里에 속했지만, 일제강점기인 1914년 행정구역 개편으로 오늘날에는 원북면 반계3리에 속한다. 그가 태어난 정포리에는 정포·산젓골·다앙골 등 자연마을이 있었다. 아트막한 산 골짜기를 중심으로 마을이 형성되었는데, 정포리는 지명에서 보이는 바와 같이 바닷물이 들어온 어구였다. 지금은 그 흔적을 찾을 수 없을 정도로 지형이 변했다.

이종일의 시조는 이순유李純由이며, 중시조는 이장경李長庚이다. 『성주이씨족보』에 의하면 이순유는 신라 문성왕 때 이부상서吏部尙書를 지낸 명신名臣이라고 밝히고 있다. 신라가 망하자 망국의 한을 품고 고려조 벼슬길에 나가지 않고, 지금의 경상북도 성주군 성주읍 경산리에 은거했다. 중시조로 알려진 이장경은 고려시대 호장戶長으로 지내면서 덕망이 높았다. 호장은 고려 향리직 중에서 제일 높은 직제로, 호족에 해당한다. 고려 성종은 향리 직제를 개정하면서 태조 때의 최고위직인 당대등堂大等을 호장으로, 대등大等을 부호장으로 개칭했는데, 이들은 각 지방에서 가장 상층부에 속하는 지배층이었다.

이종일은 문열공파文烈公派의 22세손인데, 문열공은 매운당梅雲堂 이조년李兆年이다. 그는 고려 후기 문신으로 정당문학政堂文學과 예문관藝文館 대제학大提學을 역임했으며, 성산부원군星山府院君에 봉해진 인물이다. 『성주이씨대동보星州李氏大同譜』의 '세계도략世系圖略'과 『성주이씨문열공파세보星州李氏文烈公派世譜』에 의하면, 이종일의 가계는 다음과 같다.

1대 이장경李長庚
2대 이조년李兆年
3대 이포李褒
4대 이인민李仁敏
5대 이직李稷
6대 이사후李師厚
7대 이함령李咸寧
8대 이장생李長生
9대 이지李芷
10대 이인희李麟禧
11대 완完
12대 이항선李恒善
13대 이희담李希聃
14대 이성구李星耉
15대 이시상李始祥
16대 이육진李陸津
17대 이석주李碩周
18대 이춘거李春擧
19대 이기철李箕哲
20대 이용李容
21대 이교환李敎煥
22대 이종일李鍾一

이종일의 가계는 고려 초기에는 벼슬을 하지 않았지만, 고려 말에는 권문세족으로 조선 전기까지 누대에 걸쳐 관직을 역임했다. 그러나 조선 후기 제16대조 이육진 이후 관직을 지낸 사람이 없어 한미한 가문으로 쇠락한 것으로 보인다.

성인이나 위인의 경우 대부분 태몽이 있는데 이종일의 태몽은 매화와 북극성으로 알려져 있다. 다음은 그 태몽의 내용이다.

> 꿈에 어느 산길을 거닐고 있었다. 겨울 추위가 매서운 가운데 매화 한 그루가 고고하게 꽃을 피우고 있었다. 그곳에 강렬한 한줄기의 햇살이 비추고 있어서 서기瑞氣가 서려 있었다. 눈부신 매화 향기는 멀리까지 퍼졌다. 그런데 가까이 가보니 누가 꺾었는지 길바닥에 나뒹굴고 있었다. 매화꽃을 줍기 위해 몸을 숙이자 매화가 아득히 멀어져갔다. 마음에 매화를 잡으려고 하였으나 어느새 사라졌다. 안타까운 마음에 밤길을 걷고 있는데, 북극성의 한 줄기 빛이 내려와 온몸을 감쌌다. 그 빛이 너무나 강해 외마디 소리를 지르며 잠에서 깼다.

이러한 태몽 때문인지, 이종일은 매화처럼 향기롭고 북극성같이 굳건한 삶을 살았다. 이종일의 어린 시절에 대해서는 기록이 전혀 남아 있지 않아서, 태안에서 보낸 15년간의 유소년기·청년기 시절에 대해서는 알 수 없다. 다만 어려서부터 총명했고 글을 좋아했으며, 아버지의 영향으로 향리의 서당에서 한학을 수학한 것으로 전해진다.

과거에 급제하다

고향 반계리에서 한학을 공부하던 이종일은 15세 되던 1872년에 상경했다. 이종일의 고향인 태안군 원북면 면사무소에 보관되어 있는 그의 『제적등본』에 따르면, 이종일이 상경한 시기에 대해 '융희隆熙 4년 3월 23일, 즉 1910년으로 기록되어 있다.

그러나 이 기록은 오류로 보인다. 이종일의 상경 시기는 그의 일기 『묵암비망록』에서 확인된다. 3·1운동으로 투옥된 이종일은 옥중에서 고향 태안군에 만세시위가 일어났다는 소식을 듣고, 고향을 추억하며 일기를 작성했다. 이 일기를 보면 "푸른 꿈을 실현시키고자 15세에 상경"했다고 기록되어 있다.

비망록에 따르면, 이종일은 고향에서 뛰어난 학문적 재질을 인정받았다. 구체적으로 밝히지는 않고 있지만 15세에 청운의 꿈, 즉 과거시험에 응시하기 위해 상경한 것으로 추정된다. 이는 이종일이 상경한 뒤 1년 후인 1873년에 문과文科에 급제했다는 사실로 미루어 짐작할 수 있다.

그러나 그가 상경하여 누구의 문하에서 수학했는지, 그 사승師承 관계에 대해서는 알려져 있지 않다. 다만 이종일 스스로 운양雲養 김윤식金允植을 스승으로 삼아 그의 집을 왕래하며 개화사상을 배우고 사제의 인연을 맺었다고 밝힌 바 있다. 이종일의 개화사상 형성에 김윤식의 영향이 컸음을 알 수 있다.

이종일이 스승으로 모신 운양 김윤식은 당시 온건개화 인물로 알려져 있다. 김윤식은 1874년 문과에 급제한 뒤 황해도 암행어사, 문학, 시강원 겸 사서, 부응교, 부교리, 승지, 순천부사 등을 역임했다. 개항 이후 정부의 개항정책에 따라 영선사領選使로서 학도와 공장工匠 38명을 인솔하고 중국으로 건너가, 그들을 기기국機器局에 배치하여 선진기술을 배우도록 하는 임무를 맡았다. 이를 계기로 그는 개화인물로 활동하게 된다.

또한 이종일은 심재 이도재李道宰에게서 '개화선진사상'을 전수받았던 것으로 보인다. 비망록 1898년 1월 31일자에서 이도재가 궁내부宮內府 특진관特進官에서 외부 대신이 된 사실을 기록하며, 그를 '개화문명인'이라 평가했으며, 자신은 이도재에게서 개화사상을 전수받았다고 밝혔다. 그러나 이도재는 동학농민혁명 당시에는 보수적 인물로 활동했다. 전라도 위무사 겸 순찰사로 나가 김개남金開南 부대를 진압하고 그를 체포하여 처형했으며, 전봉준을 체포하여 서울로 압송하는 데도 크게 기여한 인물로 알려져 있다. 다만 1904년 일본이 황무지 개간권을 요구하자 민간실업자와 관료 가운데 유력자를 모아 농광회사農鑛會社를 설립하고 "황무지 개간은 일본인에게 맡길 것이 아니라 우리 손으로 해야 한다"고 주장한 바 있다. 이도재는 단발령이 내려지자 상소를 올리고 관직을 그만 두었을 정도로 개화와는 거리가 먼 인물인데, 이종일이 그에게서 개화 사상을 전수받았다고 한 것은 의문점으로 남는다.

수신사로 일본을 방문하다

이종일은 25세 때인 1882년, 수신사 박영효朴泳孝의 수행원으로 일본을 시찰했다. 이때 이종일은 개화한 일본의 선진문물을 견문하고 자극을 받아 우리도 시급히 개화해야 한다는 의지를 굳혔던 것으로 보인다. 일본 시찰은 이종일이 개화사상을 형성하고 개화운동을 전개하는 중요한 계기가 되었다. 그뿐만 아니라 일본이라는 나라의 실체를 직시하는 데 크게 도움을 주었던 것으로 평가된다. 또한 일본에 대한 인식은 단순히 개화에만 머물지 않고, 일제강점기 천도교를 통한 민족운동에도 적극적으로 참여하는 계기가 되었다.

수신사란 개항 이후 일본에 파견한 외교사절이다. 1876년(고종 13) 강화도조약 이전까지 일본에 파견한 사절인 통신사通信使를 근대적 의미에서 고쳐 부른 것이다. 통신사가 주는 입장에서의 외교사절이라면 수신사는 받는 입장에서의 외교사절이라고 할 수 있다. 이는 양국이 근대적 입장에서 사신을 교환한다는 의미를 내포한다.

흥선대원군의 통상수교거부정책으로 단절되었던 일본과의 외교관계가 강화도조약으로 재개되면서 일본이 초대외교 형식으로 조선에 사신 파견을 요청했다. 조선 정부는 회사廻謝의 뜻으로 사행을 결정하고 예조참의 김기수金綺秀를 정사正使로 한 첫 수신사를 파견했다. 김기수를 대표로 하는 수신사 일행 76명은 1876년 4월 4일 서울을 출발하여 29일 일본 기선 고류마루黃龍丸를 타고 부산을 떠났다. 다음 날 4월 5일 시모노세키下關에 도착한 뒤 약 2개월간의 일본 시찰을 마치고 윤 5월 7일 부산에 돌아왔다. 6월 1일 서울에 도착한 후 고종에게 복명했다.

첫 수신사 일행은 일본에 머무는 동안 예정에 없던 일왕日王과의 접견식을 가지고 태정대신太政大臣 산조 사네토미三條實美와 이토 히로부미伊藤博文, 이노우에 가오루井上馨 등 일본 정계의 초대연을 받는 등 융숭한 대접을 받았다. 이 외에도 원로원·의사당을 비롯하여 육군성·해군성·내무성·문부성·대장성과 경시청·개척사 및 육해군 군사시설과 훈련 상황, 박물관, 소방훈련 등 일본이 자랑하는 근대화된 모든 시설을 관람하는 외교 의례상 전례가 없는 환대를 받았다.

사행이 떠날 때까지 국내 여론은 일본에 대해 경계하는 편이었으나 김기수의 견문기인 『일동기유日東記游』와 『수신사일기修信使日記』 등을 보면 그동안 생각해왔던 일본에 대한 인식이 크게 달라지고 있음을 확인할 수 있다. 수신사 김기수 일행이 일본관과 왕에게 올린 복명별단復命別單은 고종과 명성황후, 그리고 정부로 하여금 근대화에 대한 관심을 가지도록 했을 뿐만 아니라 대일관계, 나아가서는 국제정세에 관심을 갖게 하는 계기가 되었다.

그러나 이러한 개화정책은 원만하게 진행되지 못했다. 당시에는 개화정책에 반대하는 위정척사세력이 있었다. 원래 위정척사사상은 송나라 주자가 여진족의 침략으로 한족과 중국의 문화가 위기에 빠지자 유교의 정통성을 강조하고 이민족의 사상을 배척하기 위해 체계화한 사상이었다. 우리나라의 경우 고려 말 성리학이 도입된 이후 불교를 배척하면서 처음 등장했는데, 이후 성리학 이데올로기 아래 조선은 위정척사사상을 근본으로 삼았다.

영·정조 때 서학(천주교)이 들어와 성리학의 전통을 거스르는 교리를 전도하자 위정척사사상이 본격적으로 등장했다. 이항로 등 성리학자들은 서양을 오랑캐로, 서양의 학문과 종교를 이단으로 규정하여 배척해야 한다고 주장했다. 위정척사론은 기존의 체제를 옹호하는 보수적인 논리였으나 서구의 침략에 저항하며 민족주의적 의식을 고취하는 효과가 있었다. 당시 개화세력의 주장이 현실적이고 일리는 있었다. 그렇지만 무력으로 문호 개방을 하게 된 조선에서는, 이 위정척사사상이 개항의 침략적 속성을 꿰뚫어보고 저항하는 이론적 근거가 되었다.

이러한 위정척사세력의 반대에도 불구하고 고종은 개화정책의 일환으로서 여러 부문에 걸쳐서 일본의 근대화 정책을 조사·연구하기 위하여 1881년 1월 11일 박정양·어윤중·홍영식 등 젊은 양반 자제 38명으로 구성된 조사시찰단朝士視察團을 일본에 파견했다. 이는 조선 정부가 세계정세나 근대문물을 배우는 계기가 되었다. 그러나 일본 측에는 다른 의도가 있었다. 조사시찰단과의 교류를 통해 조선의 지배세력을 일본

편으로 끌어들여 친일세력으로 만들고자 했던 것이다.

조선은 1880년에 또 다시 김홍집을 대표로 하는 58명의 수신사를 일본에 파견했다. 조선에서 수신사를 파견한 목적은 당시 대일관계의 현안인 개항장의 확대와 미곡금수米穀禁輸 문제를 해결하고 일본의 물정을 탐색하려는 것이었다. 그때 귀국길에 김홍집이 가지고 온 주일청국공관 참찬관 황준헌黃遵憲의 『조선책략朝鮮策略』은 당시 조선 사회에 큰 반향을 일으켰다.

김홍집이 고종에게 바친 『조선책략』의 주요 내용은 러시아의 남하를 저지하기 위하여 이른바 '친중국親中國 결일본結日本 연미국聯美國'의 외교정책을 써야 한다는 것이다. 또한 구미의 여러 나라와 수호·통상하여 선진문물을 받아들이고 부국강병책을 수행해야 한다는 내용이다. 즉 서세동점의 시기에 조선의 외교정책에 대한 제안이었던 것이다. 이 『조선책략』은 특히 고종과 조정 대신 및 개화의 의지를 갖고 있던 개화 청년층에 큰 영향을 주었다.

그렇지만 황준헌의 외교정책은 쇄국정책을 지지하는 보수적 위정척사세력의 맹렬한 반대에 부딪히게 되었다. 보수 유생들은 처음에는 『조선책략』을 고종에게 헌상한 김홍집 개인을 비판했으나, 이후에는 더 나아가 고종과 조정 대신들의 실정을 비판하는 상소를 올렸다. 영남 유생 이만손을 소두疏頭로 한 만인소와 강원도 유생 홍재학 등의 복합상소가 그 대표적인 사례다.

이 같은 유림들의 맹렬한 반대에도 불구하고 고종을 비롯한 개화세력들은 세계정세와 외국문물에 대해 새롭게 인식하게 되었다. 이에 따라

박영효

김옥균

앞서 언급한 이른바 조사시찰단 38명을 일본에 파견하여 일본의 각 부분에 걸친 발전상을 견문하고 연구·조사하도록 한 것이다. 조사시찰단은 개화에 반감을 가진 세력의 눈을 가려 목적을 숨기기 위해 신사유람단紳士遊覽團이라고 불렀다. 이들은 동래부 암행어사로 임명되어 메이지유신 뒤 일본에 나타난 개혁의 실태와 국정을 살펴보았다. 일본 정부의 각 부처와 군대, 군사학교, 무기 제조공장, 세관, 도서관·박물관 등 문화 시설 등을 나눠 맡아 시찰한 뒤 그 내용을 여행 견문기와 시찰 보고서로 작성하여 고종에게 제출했다. 여행 견문기는 이후 국내에서 개화의 필요성을 강조하는 데 크게 기여했다.

수신사는 일본의 근대적 문명 시찰을 위해서만 파견된 것은 아니었다. 1882년 9월에 고종은 임오군란의 사후 수습에 관해 일본 정부와 협의하기 위하여 박영효를 특명전권대신特命全權大臣 겸 제3차 수신사로 임명하여 종사관 서광범 등 14명의 수행원과 함께 일본에 파견했다. 이때 이종일도 수신사의 일원으로 일본에 건너가 약 3개월간 머물며 일본 정계의 지도자 및 구미 각국의 외교사절들과 접촉하며 국제정세를 파악하는 한편, 메이지

시대 근대화된 일본의 현장을 목격하게 되었다.

이때 이종일과 함께한 수신사 대표 박영효는 영광과 오욕으로 점철된 파란만장한 일생을 마쳤다. 박영효는 한말 개화인물을 대표하는 김옥균金玉均과 비교되기도 한다. 이들과 함께한 이규완은 박영효와 김옥균을 다음과 같이 비교한 바 있다.

> 김옥균은 사람을 먼저 가볍게 보다가 나중에 애지중지 알아보았고, 박영효는 먼저 믿고 친근히 지내다가 나중에는 소원하게 하였다. 박영효와 김옥균이 나라를 위하는 점은 똑같은 것이지만, 다만 사람을 알아보고 알아주지 못하는 점에서 두 사람의 인격과 식견이 다른 바 있었다.

개화사상에 관심을 가지고 있던 박영효에게 일본 나들이 기회가 찾아온 것은 그의 나이 스물세 살 때였다. 임오군란 뒤인 1882년 8월 13일에 일본과 체결한 제물포조약의 약정을 이행하기 위한 수신사로 임명된 것이다. 그는 김만식金晩植 부사, 서광범 종사관 등 14명과 함께 일본 시찰을 떠나는 민영익·김옥균 일행과 동행하게 되었다. 이종일은 내부 주사로 수신사에 참여하게 되었다.

수신사의 사명은 당초부터 구차한 것이었다. 그 조약 속에는 "임오군란의 주모자를 잡아 처형할 것과 손해배상금 50만 원을 물 것, 그리고 즉시 특사를 보내 일본에 사과할 것"따위의 조항이 들어 있었다. 곧 6월 군변(임오군란)에 대해 국서를 들고 가서 일본에 사과하고, 제물포조약 비준교환을 무난하게 수행하여, 손해배상금 50만 원의 지불 방법을 완화하는 교섭 정도가 그의 임무였다. 체제 기간은 약 1개월로 예정되었다. 그런데 고작 5,000원 정도인 경비마저 일본 정부의 보조를 전제로 떠난 박영효의 심정은 그야말로 착잡했다. 게다가 일본 정부는 관세 수입과 금광을 담보로 잡고서야 교섭을 수락했다.

그렇지만 박영효는 일본에 머무르는 동안 커다란 감명을 받았다. 서양 과학문명을 받아들인 일본은 모든 분야에서 눈부시게 발전하고 있었다. 이에 대한 감탄과 감명은 비단 그 혼자만의 느낌이 아니었다. 김옥균·서광범·홍영식·서재필 등 그를 수행한 모든 인사가 공감했다. 일행은 일본에 머물고 있는 구미 사절들과 접촉하면서 국제관계에 대한 새로운 지식을 얻었고, 세계정세에 대해서도 눈을 뜨게 되었다.

이종일 역시 일본의 발전상을 눈으로 확인하면서 개화와 근대화라는 것에 적지 않은 충격을 받았을 것으로 보인다. 이종일은 당시 인식한 개화에 대해 "개화하는 것은 학문 배우기에 힘쓰고, 근면 성실한 것을 근본으로 해서 시운이 변하는 이치를 알아 예전의 그른 것을 고치고 새롭고 좋은 것을 받아들여 만물이 열리게 하고 천하를 화和하게 하는 것"이라고 같이 밝혔다. 이종일이 인식한 개화란 당시 유행하던 사회진화론에 입각해 있었다.

한편 당시 박영효가 항해하는 배 위에서 태극사괘太極師卦의 국기를 제정하여 일본에 도착한 직후부터 사용한 것은 유명한 일화다. 1882년 수신사로 일본에 가던 박영효·김옥균·서광범 등이 태극사괘를 국기로 삼기로 의견을 모았다. 수신사 일행은 일본 고베神戶의 숙소 건물인 니시무라여관西村旅館에 도안한 기를 게양했는데, 이것이 태극기의 효시다. 당시는 강화도조약 이후 국기의 필요성에 대한 논의가 활발히 진행되고 있었다. 태극기는 흰색 바탕에 중앙에는 적색과 청색의 태극을, 사방 모서리 대각선에 검은색 건·곤·감·리의 사괘가 그려져 있다. 태극은 우주 자연의 궁극적 생성 원리를 상징하는 것으로 붉은색은 존귀와 양을 파란색은 희망과 음을 의미한다. 1948년 대한민국 정부 수립을 계기로 태극과 사괘에 대한 규정을 만들고 규격을 통일했으며 이러한 원칙이 오늘날까지 준수되고 있다. 첫 태극기를 옆에서 보고 경험한 일은 이종일 훗날 민족운동에 적극 투신하게 된 계기가 되었다.

수신사 일원으로 일본을 시찰한 이종일이 시찰단에서 어떠한 역할을 했는지 알 수는 없지만, 귀국 후 『제국신문帝國新聞』을 창간하던 1898년 경까지 관직 생활을 했다. 이에 관한 내용은 『구한국관보舊韓國官報』를 통해 확인할 수 있다. 『구한국관보』 1895년 4월 13일자에 의하면 내부주사를 지냈으며, 1898년에는 중추원中樞院 의관議官에 선임되어 10개월간 활동했다는 것을 확인할 수 있다.

개화에 관심을 가지고 있던 이종일은 당시 중추원 제도에 대해 불만이 있었다. 조선 말기에 등장한 중추원은 왕권 강화를 위한 국왕의 자문기관 성격으로 출발했고, 왕조체제하 추밀원樞密院과 유사한 성격을 지닌 기관이었다. 1894년 6월 28일의 중앙관제 대개혁을 위해 마련된 의정부의 신관제안新官制案 속에 중추원에 관한 규정이 포함되어 있으며, 1895년 3월 1일 중추원 관제가 개정되었다.

이 법안을 보면, 중추원은 자체적으로 정치나 행정에 따르는 문제를 논의하거나 결의할 수 있는 권리가 없었으며, 오직 내각에서 문의하는 사항에 대해서만 의견을 말할 수 있었다. 그 때문에 이종일은 자체적인 의결권 없이 단순히 내각에서 교부하는 사항에 대해서만 의견을 개진하는 유명무실한 내각에 대해 신랄하게 비판했다. 중추원과 의관의 중요성을 깊이 인식했기 때문이다. 이종일은 중추원 의원을 그때그때 세월을 보내는, 무위도식하는 존재로 인식한 것이다. 그런 이유로 그는 중추원 의관으로 10여 개월 활동하다가 과감하게 자리를 내놓았다.

실학을 통해 개화사상을 받아들이다

이종일은 개화사상에 관심이 많았다. 어릴 적 향리에서 가학家學으로 성리학을 배웠지만, 성리학에만 머물지 않고 실학에도 관심을 가졌다. 이종일은 자신의 비망록에서 실학의 중요성을 적극 개진했다. 비망록에 따르면, "조선 말기의 실학사상을 오늘에 재현한다면 민권의 부흥이 전날 같지는 않을 것"이라 하며, "오늘날 실학사상을 다시 천명하고 또 맥을 이어나가기만 한다면 틀림없이 부국강병과 자주국가를 달성하게 될 것"이라고 밝히고 있다. 그러면서 부국강병과 자주국가의 방책인 실학사상을 잃어버린 것을 매우 안타까워했다.

실학이란 18세기를 전후하여 새롭게 나타난 사회개혁사상이다. 오늘날 연구자들에 의해 제시되고 있는 실학의 개념은 실학의 발생 배경이나 학파에 대한 이해, 또는 실학과 성리학, 실학과 개화사상에 대한 관계 설정의 특성에 따라 다양하게 규정되고 있다. 실학에 대한 다양한 인식이 있지만, 일반적으로 실학은 "조선 후기 18세기를 전후하여 당시의 사회모순에 대한 반성의 결과로 새롭게 나타난 범유학적汎儒學的 탈성리학脫性理學的 경향을 가진 왕도정치론王道政治論의 일종으로서, 민본民本과 위민爲民을 주창한 전근대적 사회개혁사상의 일종"으로 규정하고 있다.

조선 후기에 이르러 성리학적 왕도정치론을 반대하고 실학적 왕도정치론이 제기된 데는 여러 가지 배경이 있다. 실학사상이 등장하게 된 배경에는 조선 후기 봉건적 사회가 해체되어가던 내재적 요인이 주된 역할을 했고, 일부 외래적 요인도 함께 작용했다. 첫째는 당시 통치이념인 성리학 이데올로기의 모순이었다. 조선 건국 초기에는 경세론을 강조하여 부국강병과 민생안정을 도모했지만, 사림 세력의 등장으로 사변론四辯論이 중시되었다. 이를 계기로 사화士禍가 발생했고 나아가 붕당정치로 혼란이 거듭되었다. 그 결과 부국강병과 민생안정은 외면을 받게 되었다. 여기에 더하여 중국을 통해 양명학·고증학·서학 등 다양한 사상적 흐름이 전래되었는데, 이러한 상황에서 당시 사회의 모순을 극복하려는 움직임이 있었다.

오늘날 '실학'으로 규정하고 있는 사상의 경향에 대해 학문적으로 관심을 가지기 시작한 것은 일제강점기부터였다. 이 시기에는 실학사상의 형성 배경으로 내재적 요인보다는 청조 문물의 수용이나 서학의 전래와 같은 외래적 요인들을 주로 주목했다. 그렇지만 우리 역사상 실학이라는 개념은 이보다 훨씬 전부터 사용되었다.

실학이라는 용어가 등장하기 시작한 것은 조선 건국을 전후한 시기였다. 이 시기 자신의 학문을 실학이라고 생각했던 대표적 인물들로는 이제현李齊賢과 정도전鄭道傳, 그리고 권근權近 등이 있다. 이들은 자신들이 새롭게 도입하고자 하던 성리학이 불교와는 비교할 바가 못되고, 훈고訓詁와 사장詞章에 치우친 한당漢唐의 유학보다도 우월하다고 인식했다. 이들은 성리학이 인의예지仁義禮知 등 수기修己로 인해서 한나라와 당나라 시기의 유학보다 '위기爲己'의 실효를 거둘 수 있는 학문이라고 생각했다. 그리고 충효를 비롯한 오륜과 육예六禮 학습을 통해서 불교보다 '수신제가치국평천하修身齊家治國平天下'의 실효를 더 거둘 수 있을 것으로 확신했다. 이러한 이유로 그들은 성리학을 '실학'이라고 불렀다.

이 외에도 실학이라는 용어는 조선 중기 사회에서도 사용되었다. 퇴계 이황李滉이나 율곡 이이李珥도 수기치인修己治人의 성리학을 실학으로 인식하고 있었다. 이 과정에서 조선 성리학은 조선의 지도이념으로 확고히 자리잡아갔다. 반면에, 조선 후기에 접어들어 예론禮論을 전개하고 있던 윤증尹拯은 예학禮學을 실학이라고 인식했다. 이처럼 조선왕조의 성리학자들은 대체로 주자朱子, 朱熹를 유일한 기준으로 삼아 성리학을 해석하면서 자신의 학문체계를 '실학'이라고 생각했다.

이 새로운 학풍의 맹아로서는 우선 성리학의 대안으로 제시되었던 양명학陽明學을 들 수 있다. 양명학은 성리학에 대한 비판의식과 관련하여 장유張維·최명길崔鳴吉 등이 주목했고, 정제두鄭齊斗의 단계에 이르러 본격적으로 연구되었다. 이들은 양명학을 인정하고 그 학문적 중요성을 역설하기도 했다. 이러한 그들의 학적 태도는 범유학적 입장에서 성리학과 구별되는 새로운 사상적 대안을 제시해보고자 했다. 그리고 이러한 인식 가운데 성리학이 점유하던 절대 권위에 대한 도전으로, 선진유학에 대한 연구로서의 실학이 나타나기도 했다. 조선의 사상계에서 선진 유학에 관심이 높아진 것은 17세기 이래 허목許穆을 비롯한 근기남인近畿南人의 학문 연구를 통해서였다. 이러한 새로운 연구 경향과 당시 사회의 내재적 요청, 그리고 외래 문물에 자극받아 실학사상이 본격적으로 형성되었다.

조선 후기의 실학자로 지칭되는 사람들은 경세치용經世致用의 학문을 강조하거나 자신의 저서에서 '실학實學'이라는 단어를 직접 구사하기도 했다. 예를 들면, 유형원柳馨遠의 학문체계는 당대부터 경세치용의 학문으로 평가되어왔다. 그리고 이익李瀷도 학문은 치국평천하治国平天下의 경세에 유용한 것을 지향해야 한다고 역설했고, 자신이 직접 '실학'이라는 단어를 사용하기도 했다. 홍대용洪大容은 실학이라는 단어를 구사하여 사장詞章과 기송記誦 그리고 훈고訓詁와 구별되며, 공리功利나 노장사상, 불교, 성리학 등과는 다른 학문체계를 제시하고자 했다.

박지원朴趾源의 경우에도 농공상農工商의 이치를 포함하는 선비의 학문을 실학이라고 지칭하면서 농업이나 수공업, 상업에 종사하는 사람들이 자신의 일을 잘못하는 것은 사士에게 실학이 없기 때문이라고 말했다. 이에 비해 정약용丁若鏞은 그의 저서에서 실학이라는 단어를 사용하지는 않았다. 그러나 그는 당대의 성리학을 잡학雜學이라고까지 폄하했다. 그러면서 그는 치국안민治國安民의 목적을 달성하기 위해 이적夷狄을 물리치며 재용을 넉넉히 하고, 문장이나 행정실무에 뛰어나 어떠한 일이라도 잘 처리할 수 있는 인재를 양성해야 한다고 주창했다. 그러므로 이러한 점에서 정약용의 실학 개념이 간접적으로 추출될 수 있다.

그리고 19세기의 김정희金正喜의 경우에는 '실사구시'를 중시하는 학문태도를 강조했다. 최한기崔漢綺는 사농공상에 걸친 실사實事를 실지實地로 탐구 실천할 것을 제창하면서 자신의 실학사상을 표현했다. 이들은 대체적으로 주자朱子 유일 기준을 거부하고 선진시대先秦時代 원초유학原初儒學의 입장에서 왕도정치론을 전개했다. 우리 학계는 이러한 사례들과 그들의 특성 있는 연구 경향에 입각하여 조선 후기 사상계의 변화 양상 가운데 그 왕도정치론의 조선적 변용을 '실학'이라고 부르게 되었다.

실학사상에 대한 연구가 시도되기 시작한 시점은 개항기다. 이 시기를 살았던 사람들은 국가적 위기 탈출을 위한 방략을 마련하고 개항에 주체적으로 대응하는 길을 모색하던 과정에서 '조선 후기 사상계의 개혁적 인물'에 대해 관심을 가지기 시작했다. 그 구체적 사례로는 당시 신헌申櫶이나 강위姜瑋 등이 있다. 이들은 조선 후기 개혁적 인물과 사상의 존재를 인지했다. 그리고 그것을 자신들이 살고 있던 시대의 격랑을 헤쳐가는 구국의 방략으로 삼고자 했다.

개항기 실학에 대한 관심은 1890년대 후반에 이르러 좀 더 분명히 나타났다. 그 사례로 『황성신문皇城新聞』은 1899년에 두 차례에 걸쳐 정약용을 우리나라 '경제학의 큰 선생'으로 소개했다. 그리고 조선 후기의 개혁적 인물들에 대한 관심이 국사교과서를 중심으로 하여 좀 더 자주 나타나게 되었다. 이들을 경세가經世家나 경제가經濟家로 직접 지칭함으로써 그 개혁사상의 성격을 규정하고, 이를 구체적으로 개념화하려 시도했다. 또한 1905년의 을사늑약과 1907년 정미7조약이 체결된 이후에 지식인들 가운데 일부는 유교구신적儒敎救新的 차원에서 '실지학문'을 보국保

國의 방략으로 생각했고, 조선 후기의 '경세가'나 '경세선생'에 관한 연구를 통해서 국권 회복의 길을 찾아보고자 했다.

이로써 볼 때 실학과 개화사상은 다양한 측면에서 밀접한 연계성을 지니고 있음을 알 수 있다. 이와 같은 실학과 개화사상의 연계성은 이종일의 생각에서도 찾아볼 수 있다. 이종일은 자신이 실학사상의 영향을 받아 개화사상을 갖게 되었음을 자신의 『묵암비망록』과 『제국신문』 등을 통해 여러 차례에 걸쳐 밝히고 있다.

실학의 유형은 크게 경세치용을 중심으로 한 중농학파와 이용후생을 중심으로 한 중상학파로 구분하고 있다. 일반적으로 개화사상은 이용후생 중상학파의 영향을 많이 받았다고 한다. 그렇지만 이종일의 개화사상은 경세치용과 이용후생 두 실학사상의 영향을 받아 형성되었다. 경세치용 실학사상은 성호 이익과 다산 정약용에게서, 이용후생 실학사상은 연암 박지원에게서 영향을 받았다. 그러면서도 이종일은 북학파의 이용후생 실학사상을 특히 강조했으며, 이를 확산시키고자 했다.

이용후생 정신을 강조하는 북학파는 전통적인 성리학의 화이관華夷觀과 명분론名分論에서 벗어나 청나라의 선진문명과 우수한 기술을 적극 수용하여 조선의 사회체제 모순을 개혁하고자 했다. 홍대용·박지원·이덕무李德懋·박제가朴齊家 등이 대표적인 북학파 학자들이다. 이들은 주로 연행사燕行使를 수행하여, 청나라 건륭乾隆 연간의 선진문명을 직접 보고 배웠다. 홍대용은 북학의 토대가 되는 북경행北京行을 제일 먼저 주장하여 북학파의 선구자로 불리고 있으며, 그의 북경 기행기인 『연기燕記』에 실린 청나라 문명에 대한 인식은 이후 북학파 학자들에게 큰 영향을 주었다. 북학이라는 말은 초정 박제가의 『북학의北學議』 자서自序에서 비롯되었다. 박제가는 청나라 문명의 선진성을 인정하고 배우자는 뜻으로 북학을 주장했다. 북학파가 주장하는 '학중국學中國'의 실체는 청의 문명을 받아들이고 서구문명에 대한 새로운 인식 속에서 상공업의 유통과 생산기구, 일반 기술 방면의 발전을 바탕으로 사회 모순을 개혁하고 국가 발전을 도모하려는 데 있었다.

북학파의 이용후생 논리는 생산과 생활에 선진 과학기술을 도입하여 경제를 활성화하고, 국부國富의 증진하며 이를 위해 사회제도를 개혁하는 데 있었다. 이러한 입장은 당시 반청숭명反清崇明이라는 전통적 화이관, 주자학적 의리관, 명분론에 입각한 북벌론과는 대립되는 것이었다. 병자호란 이후 조선 왕조 지배계층의 북벌론적인 사고방식이 지속됨에 따라 현실적으로 중국을 지배하고 있는 청나라의 문화를 선진문화로 인정하지 않으려 했고, 중국 문화의 수입을 거의 봉쇄하다시피 했다. 조선의 지배층은 선진문화 수입의 유일한 통로를 막아놓은 채 주자도통주의朱子道統主義를 전면에 내세우면서 문화적·사상적 폐쇄주의를 지켜나갔다.

북학파의 '학중국'이라는 대외인식은 이러한 폐쇄적 소중화의식 및 화이관에 대한 정면 도전이었다. 북학론에 의한 숭청崇清은 북벌론의 숭명崇明과 동일한 사대사상이 아니라, 중국 중심의 전통적인 세계관과 불평등한 화이관적 세계의식을 극복한 자립사상이기도 했다. 이들에게 있어 전통의 화이관에 의한 수직적 세계관은 '화이일야華夷一也'라는 수평적 관계로 새롭게 인식되었다. 이들은 중국의 선진 문물제도뿐만 아니라 중국에서 들어온 서학에 대해서도 깊은 관심을 갖고 있었다. 이에 우수한 서유럽 자연과학을 도입하자고 주장함과 동시에 이를 배우고 연구하여 실용적인 단계에까지 이를 수 있도록 노력하고자 했다.

북학파는 상인과 수공업자들을 통한 상공업 발전의 필요성을 통감하고, 유통경제의 확대와 생산의 기술적 혁신으로 국부 증진을 도모하고자 했다. 이들은 곧 상업의 진흥이 국부의 요체라고 인식했다. 또 당시 사회 빈곤의 원인을 낮은 생산력에 따른 절대적 빈곤과 물자의 지역적 편재에 따른 상대적 빈곤이라는 두 가지 측면으로 파악했다. 때문에 유통경제의 지역적 편중성과 고립화를 극복하기 위해 전국적인 시장망 형성, 국내 시장의 단일화를 강력히 주장했다. 이는 고립 분산적인 자연경제의 낮은 생산력을 극복하기 위한 한 방안이었다. 그리고 전국적 시장권 형성을 위해 수레를 사용하고 도로를 정비하여 육상유통망을 강화하고, 강상江上과 해상 유통망을 개선해야 한다고 주장했다.

당시 상품화폐경제의 발달이 지주경제와 결합되면서 농민층의 분해를 촉진하고 있는 상황에서, 이들의 상공업진흥론은 특권층과 결탁된 서울의 육의전과 같은 어용상인들이나 개성상인을 위시한 도고상인, 대상인 층의 독점적 이익을 반대했다. 이와 반대로 대중의 소비생활에 직결된 일반 소경영·소생산자들의 자유로운 활동과 성장을 옹호 대변했으며, 반도고론反都賈論 및 통공발매론을 주장하기도 했다. 또한 국내 시장권의 통일과 더불어 중국 및 연안 제국과의 해로 교역을 강력하게 주장했다. 박제가는 '수로통상水路通商'을 통하여 중국과 교역함으로써 조선의 면綿·저苧·마포麻布·해산물 등과 중국의 면단綿緞·모직물·약재·무기 등을 교환할 수 있는 경제적 이득뿐 아니라, 중국의 여러 기용제도器用制度를 배울 수 있으며 천하의 도서를 수입하여 지견知見을 넓혀 속된 선비의 굳어 있는 식견을 타파할 수 있다고 주장했다.

이러한 북학파의 상공업진흥론은 직업의 귀천관계를 긍정하고 상업활동을 천시하는 사회적 인식과 신분제도에 대한 비판으로 연결되었다. 이들은 이용후생을 위한 상공업진흥론의 관점에서 중본억말重本抑末의 본말사상을 비판하여 본本=농農과 말末=상商의 수평적 상호 보완관계를 강조하고, 사민개로四民皆勞의 원칙에 입각하여 양반세노의 허구성 및 사농공상士農工商이라는 지배와 피지배의 수직적 신분관계를 신랄하게 비판했다. 그 결과 국부를 낭비하는 양반층에 대한 신랄한 비판이 문학작품(박지원의 「호질虎叱」·「양반전兩班傳」)에 반영되었다. 또한 이들은 말리末利로서의 상업을 사농공과 동일한 수준에 올려놓으면서, 양반층이 상업에 종사할 것을 주장했다. 또한 사민개로의 원칙에 따라 신분을 막론하고 모든 사람은 노동해야 하며, 양반이라도 노동하지 않고 놀고먹는 것은 용납하지 않았다.

이종일은 실학사상을 망각하고 있는 당시의 현실에 대해 무척이나 안타까워했다. 실학의 이용후생 정신을 되살려 부국강병富國强兵한 자주국가를 건설함으로써 외국인이 함부로 우리를 업신여기지 못하도록 하는 것이 급선무라고 했다. 나아가 이종일은 신문을 창간한 것은 곧 실학의 실사구시 정신을 실천하고자 한 방법론이라고 말했다. 자신이 민권운동을 전개한 것은 실학사상을 재현하려는 것이며, 이를 통해 사회정의가 구현될 수 있다고 믿었다.

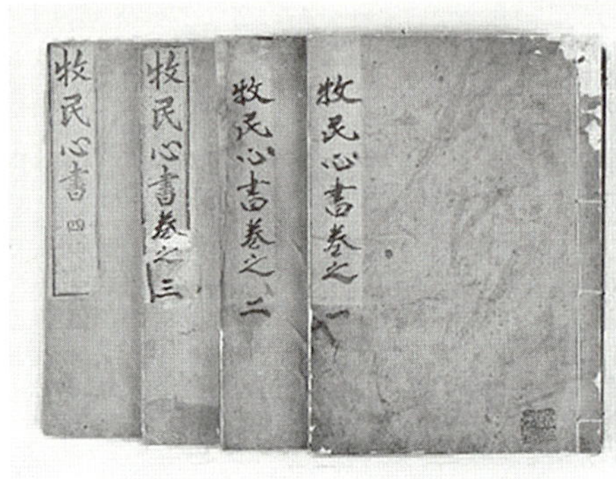

정약용(좌)과 『목민심서』(우)

이종일의 개화사상이 실학사상을 바탕으로 형성된 것임은 의심할 여지가 없다. 그뿐만 아니라 이종일은 개화사상을 독립사상으로 체계화하는 사상체계를 보여주며, 결국 독립사상의 원류를 실학사상에서 찾고자 했다. 이종일이 언제부터 실학사상에 관심을 가졌는지는 정확하게 알 수는 없다. 그렇지만 적어도 『제국신문』을 창간하던 40대 초기부터 실학자들의 저서를 탐독했고, 이를 바탕으로 개화사상이 형성되었음을 알 수 있다. 이종일은 『목민심서牧民心書』·『흠흠신서欽欽新書』·『연암집燕巖集』 등 관련 서적을 읽으며 밤을 지새웠다. 하루 종일 집안에서 실학 관련 서적을 읽으며 보낸 날도 많았다. 『묵암비망록』에는 그날그날 읽은 실학 관계 서적을 소개하고 자신이 받은 감동과, 이를 개화사상으로 연계하고자 하는 의지가 여러 번 표현되어 있다.

이종일이 읽은 많은 실학 관계 서적 중 그가 큰 감명을 받은 것은 성호 이익과 다산 정약용의 저서였다. 이익은 평생 관직에 뜻을 두지 않고

연암 박지원(좌)과 『연암집』(우)

광주 첨성리(瞻星里, 현 안산시 일동)에 머물며 학문을 연마했다. 항상 국가 부흥을 위한 자기의 이상과 포부를 지술하여 불교와 세유世儒의 실용적이지 못한 학풍을 배격하고 실증적인 사상을 확립시켰다는 평가를 받는다. 그는 사농합일士農合一을 주장했고 아울러 과거제도의 재검토를 제시했다. 중농주의 계열의 실학자로서 이익은 농업 중심의 자급자족에 국가 및 개인 경제의 목표가 있다고 여겼고, 토지의 고른 분배를 강조하면서 토지 경작을 기본적인 경제정책으로 삼고 중국의 정전제井田制를 바탕으로 한 한전법限田法 시행을 제창했다.

그런 한편으로 상품화폐경제의 발달이나 재산 증식 행위를 크나큰 죄악으로 생각했는데, 특히 화폐나 시장을 부정적으로 생각해 아예 화폐 사용을 중지하자는 폐전론廢錢論을 주장하기도 했다. 여러 차례 그에게 관직에 출사하라는 조정의 압력이 있었음에도 관직에 뜻을 두지 않고 향리에서 학문 연구와 제자 양성에 힘을 쏟았다. 이익은 나라를 점진적으로 개혁하고자 했으며, 실학을 통해 현실에서 실제로 시행될 수 있는 제도와 방안을 마련하는 데 힘을 기울였다. 이종일은 이익의 저서를 보았다고 했지만 구체적으로는 밝히지 않았다. 그렇지만 이종일이 이익의 실학 관련 서적을 보았다면 아마도 『성호사설星湖僿說』일 것으로 추정된다. 『성호사설』은 이익의 실학사상이 집대성되어 있는 서적이다.

이종일이 가장 관심을 가진 실학자는 정약용이었다. 정약용은 실학자 유형원과 이익의 학문과 사상을 계승하여 실학을 집대성한 실학자로 널리 알려져 있다. 본관은 나주, 자는 미용·송보, 호는 사암·여유당이며, 출중한 학식과 재능을 바탕으로 정조의 총애를 받았다. 신유사옥 후 전라남도 강진으로 유배되었는데, 이곳에서 독서와 저술에 힘을 기울여 자신의 학문체계를 완성했다. 정약용 피폐한 농촌 사회의 모순에 관심을 갖고 정치 개혁과 사회 개혁에 대해 체계적으로 연구했다. 정약용의 대표적인 저술인 『경세유표』·『목민심서』·『흠흠신서』를 통해 실현 가능한 구체적인 방안을 제시하기도 했다.

정약용은 다양한 분야에서 천재에 가까운 재능을 보인 인물로, 자연과학에도 관심을 두어 홍역과 천연두의 치료법에 대한 책을 내기도 했고, 도량형과 화폐 통일을 제안했으며 건축기술인 거중기를 고안하기도 한 실증적인 실학자다. 이종일은 정약용의 『목민심서』를 읽고 과연 '노저勞著'라고 평가했으며, 정약용의 애국애족 이념과 사상, 선진적이고 진취적인 개혁사상에 감탄하여 다산학茶山學을 추존追尊하기로 했다. 『목민심서』에서 수령, 즉 목민관의 부정부패상을 규탄하고 조정의 기간을 숙정肅正할 것을 주장한 대목에서 감동을 받고 이것을 오늘에 재현한다면 우리나라도 복락福樂을 누릴 수 있을 것이라 확신했다. 정약용에 감화를 받은 이종일은 직접 양평楊平에 있는 정약용의 집을 방문하여 몇 권의 실학 관계 서적을 빌려보는 열성까지 보였다.

이종일은 이익과 정약용 외에도 연암 박지원에도 관심이 많았다. 특히 박지원의 『연암집』을 통해 이용후생사상을 수용했다. 『연암집』은 이용후생학파의 대표 인물인 박지원의 문학과 사상을 엿볼 수 있는 중요한 자료다. 또한 그 외에도 농촌경제의 실태와 문제점을 지적한 『한민명전의限民名田議』와 수레와 선박을 이용하여 국내 상업과 대외무역을 발선시킬 것을 주장한 『열하일기熱河日記』 등이 있다.

개화 인물과 교류하다

이종일은 비망록에서 밝히고 있듯이 박은식·정교·이동녕·남궁억·양한묵 등과 교류하면서 개화사상을 심화시켜나갔다. 이종일이 교류한 이들은 주로 어떤 인물일까? 박은식은 초기에는 주자학자였지만 개화자강론자·애국계몽사상가·언론인으로 활동하고 있었다. 특히 1904년 2월 러일전쟁이 일어나자 『황성신문』을 통해 일제의 침략정책을 비판하고, 국민들에게 자주독립정신과 애국사상을 고취했다.

정교 역시 주자학적 유학사상을 근간으로 서구의 선진기술을 부분적으로 채용하자는 동도서기파東道西器派에 속하는 인물로, 개항 이후 조선사회가 폐쇄에서 개방체제로 급전환하자 서구의 근대사상을 취사선택해 받아들여 근대국가로 발전시킴으로써 제국주의 침략의 위기를 극복하려는 입장을 견지했다.

이동녕은 대한제국기에 민권운동과 자강운동에 앞장서는 개화운동을 전개한 바 있다. 1896년 독립협회에 가담해 간사원으로 활약하며 개화민권운동에 깊은 관심을 갖고 국가의 비정秕政을 규탄·성토하며 이권침탈에 반대하고 자체개발을 강조했다. 특히 독립협회 회원들이 다수 가담하면서 각계각층을 포섭하여 민권민생투쟁을 전개했던 만민공동회 운동에 주도적인 역할을 했다.

양한묵

남궁억은 1896년 서재필의 『독립신문』 발간에 참여했고, 중추원 의관, 독립협회 수석총무 등으로 활동했다. 1898년 『황성신문』의 초대 사장으로 선출되었으며, 필화로 2번이나 구속되었던 개화인물이다.

양한묵은 1894년 탁지부주사度支部主事가 되어 능주의 세무관稅務官으로 근무했으며, 1897년 관직에서 물러난 후 중국으로 건너가 베이징北京 등지를 돌아보고, 이듬해 일본으로 건너가 국정國政과 세계 대세를 살펴봄으로써 개화사상에 관심을 가졌던 인물이다. 또한 이종일과 같이 천도교에 입교한 개화인물로 3·1운동 민족대표로 서명한 독립운동가다.

이종일은 이들과 교류하면서 실학 관련 서적을 돌려가면서 읽고 토론을 하며 당시의 국가 존망에 대해 대처할 방안을 고민했다. 특히 이들과는 당시 개화운동의 상징이라고 할 수 있는 신문 발행에 대해서 많은 논의를 했다. 그 결과물로서 이종일은 『제국신문』을 창간하게 된다.

이종일은 실학에 관심을 가지고 실학 관련 서적을 탐독하는 한편, 주위의 친지나 동지들에게도 실학 서적을 읽을 것을 권유했다. 여러 차례에 걸쳐 독립협회나 자신이 주도하던 민력회民力會 회원들에게 실학에 대한 강연을 통하여 실학의 이용후생정신을 강조하고, 이를 개화의 기본이념으로 삼을 것을 강조했다.

그러나 민력회에 대해서는 논란이 없지 않다. 민력에 대한 내용은 『묵암비망록』에만 나오기 때문이다. 그렇지만 당시는 많은 애국계몽운동 단체가 조직되어 활동하던 시기였다는 점에서 이종일이 '민의 힘'을 강조하는 민력회를 조직했을 개연성은 충분하다. 더욱이 비망록에 의하면 민력회 회원은 30~40여 명이라고 했으니, 비교적 규모도 작은 단체였다.

이처럼 실학사상에 심취한 이종일은 직접 실학과 관련된 저술을 시도했다. 『묵암비망록』 1899년 3월 4일자 기록에 의하면, "또 조선 말기의 실학사상서를 읽었다. 나는 실학사상을 저술하여 실학사상을 재현하고자 하는데, 곧 개화개명開化開明의 사상과 이념을 성립하고자 하는 것이다"라고 했다. 이종일이 남긴 실학서적은 남아 있지 않기 때문에 알 수 없지만, 그가 실학에 얼마나 심취했는지 단적으로 보여주고 있다.

개화사상에 관심이 있던 이종일은 국내의 개화서적뿐만 아니라 외국 개화서적에도 관심을 가졌다. 『무술정변기戊戌政變記』·『해국도지海國圖志』·『음빙실문고飮冰室文庫』 등이었다. 개화와 관련된 이 서적들을 탐독하는 데도 게을리 하지 않았다. 『무술정변기』의 원 제목은 『청국무술정변기』다. 청나라의 개화인물이자 무술정변의 핵심 인물이며, 당시 조선의 개화인물에게도 크게 영향을 미친 량치차오梁啓超가 쓴 것으로 무술정변 과정을 담고 있다. 이 책은 현채가 1900년에 번역하여 출간되었다. 『해국도지』는 중국의 역사가이자 지리학자인 위원魏源이 1844년 저술한 책이다. 이는 해외 지리와 각국의 정치·경제·인구·종교 등을 설명한 지리서로, 서양을 물리치기 위하여 서양의 과학기술을 받아들여야 한다는 주장을 담고 있다. 초기 개화인물 오경석吳慶錫이 중국에서 가지고 들어와서 김옥균·홍영식 등 신진개화파에게 전파했다. 이를 계기로 『해국도지』는 개화사상 형성에도 크게 기여했다. 이종일은 『해국도지』를 읽고 "우리나라의 개화방도를 암시한 것이 있어 감명받았다"고 밝힌 바 있다.

그러나 무엇보다도 이종일에게 가장 감명을 준 것은 『음빙실문고』이다. 『음빙실문고』 역시 량치차오가 저술한 것으로, 서구 문명 수용을 제창하고 애국 계몽사상을 고취하는 글에서 열강의 유린에 직면한 조국을 지키려는 동아시아 지식인의 고뇌를 느낄 수 있다. 이처럼 이종일은 조선의 실학서적뿐만 아니라 중국의 개화 관련 서적까지 탐독하면서 스스로 개화사상을 형성해갔다.

그렇다면 이종일은 개화에 대해 어떻게 인식했을까? 이종일은 개화에 대하여 먼저 "인간의 지혜를 개발하여 사상과 풍습의 의식을 전개 발달시켜나가는 것"이라 정의했다. 그러면서 개화에는 단계와 과정이 필요하다고 강조했다. 이는 유길준이 인식한 개화의 단계와 비슷한 논리이기도 하다. 유길준은 개화의 단계를 '미개 – 반개화 – 개화'로 인식하면서, 이에 따라 당시의 조선은 미개를 벗어난 반개화의 상황이고, 앞으로 개화를 위해 근대화를 적극 추진해야 한다는 입장이었다.

또한 이종일은 "개화는 학문 배우기에 힘쓰고 근면 성실한 것을 근본으로 해서 시운時運이 변하는 이치를 알아 예전의 그른 것을 고치고 새롭고 좋은 것을 받아들여 날마다 새롭고 또 날로 새롭게 하여 만물이 열리게 하고 천하를 화和하게 하는 것"이라 하면서, 철저하게 개화사상을 강조했다. 이종일의 개화사상은 단지 문호를 개방하여 외국의 선진문물을 습득하는 차원이 아니었다. 그는 개화의 참뜻이란 예의와 윤리를 지키는 동시에 기강과 명분이 바로 서는 것이라고 했다. 이러한 인식으로 개화의 전제로서 개화의 일관성, 민족의 주체성에 바탕을 둔 근본 있는 개화를 역설했다. 단순히 서양문물을 무비판적이고 피상적으로 수용하는 것이 아니라, 일관된 방향에서 주체적으로 수용하자는 주장이었다.

이종일은 개화의 목적을 부흥민력復興民力·의식개조意識改造·자강자주自强自主라고 했다. 그 방법론으로는 '선창신문先創新聞 후립학교後立學校'를 제시했다. 즉 먼저 신문을 창간하고 나중에 학교를 세운다고 하면서, 신문 창간과 학교 설립을 개화의 방법론이자 수단으로 인식했다. 이종일이 『제국신문』을 창간하고 언론 활동을 한 것과 흥화학교를 설립하고 학교 교육에 관여한 것은, 그가 개화사상을 실천한 대표적인 사례라 할 수 있다.

이로 볼 때 이종일은 철저한 개화사상을 소유한 선각적 인사였다고 평가할 수 있다. 이종일은 "개화와 수구는 천당과 지옥의 차이"라고 단정할 만큼 적극적 개화론을 전개했다. 특히 그는 양반이나 권력 있는 사람들보다는 천대와 압제를 받아온 민중들이 봉건적 질서를 극복하기 위해서라도 개화를 해야 한다고 강조했다.

이처럼 이종일은 철저한 개화사상을 지녔지만, 개화사상과 민족운동상 방략을 달리했던 위정척사사상이나 의병투쟁에 대해서도 긍정적으로 평가했다. 이종일은 위정척사론을 "나라를 지키고 방위한다는 사상의 이념에서 유래한 것이므로 민족수호운동과 동격同格"이라 평가했으며, 위정척사사상의 시초를 병인년丙寅年 화서華西 이항로李恒老의 상소문에서 비롯된 것이라고 했다. 이항로는 화서학파를 형성하여 한말 위정척사론과 의병항쟁의 사상적 기초를 다진 인물이다.

화서 이항로

이종일은 위정척사사상에 기초하여 일어난 의병항쟁에 대해서도 부국강병에 유용한 것이라 보았다. 1898년경 전국적으로 의병항쟁이 전개되자 이를 전쟁의 양상을 띠고 있다고 하며, 이 전쟁은 곧 '충효적 우국애군사상忠孝的憂國愛君思想'에서 비롯된 것이라고 해석했다.

그렇지만 1906년과 1907년경에 들어서면서 의병을 빙자한 '도적떼와 불한당不汗黨'들이 등장했다며 경계했다. 의병과 도적떼의 구분이 모호해지자, 의병을 자처하는 자들의 단속을 정부에게 강하게 요구하기도 했다. 그뿐만 아니라 이종일은 의병의 활동으로 말미암아 오히려 일본군이 우리나라의 도처에 주둔할 구실을 줄 수 있다는 점을 우려했다.

이러한 변화는 국운이 거의 기울어진 현실에서 의병의 활동으로 망국이 더욱 가속화될 수 있다는 지극히 현실적인 우려에서 비롯되었다. 그러나 무엇보다도 이와 같은 인식은 이종일뿐만 아니라 당시 계몽운동가들의 현실인식이기도 했다.

한말 지식인이 지녔던 위정척사사상과 개화사상은 동일한 역사발전 단계로서 근대의 점주에서의 보수와 개혁의 의식차가 아닌, 전근대前近代와 근대近代라는 근본적인 인식의 차이였다는 점이 지적된 바 있다. 이러한 사상적 단층이 그들을 대립과 갈등관계로 만든 중요한 요인 가운데 하나였다. 그러나 이종일의 사상체계는 개화를 지향하면서도 일원적 차원에 머물지 않았으며, 구국을 위해서라면 다원적으로 상대적 방법론까지 수용할 수 있는 사상적 포용성을 보여준다는 점에서 특색이 있다.

또 이종일의 개화사상과 관련되어 주목되는 것은 이른바 '신촌사상新村思想', 즉 새마을정신이다. 신촌사상은 이종일이 개화의 구체적 방법으로 제시한 것으로서, 해방 후 1970년대 새마을운동과 비교해 평가되기도 한다. 이종일이 신촌사상을 주장한 것은 『제국신문』의 창간을 계획했던 1898년 7월경이다. 이와 관련하여 이종일은 비망록에서 "오늘에 이르러 봉건의식을 탈피하고 신촌정신을 특별히 내세우는 것은 먼저 정신을 개조하고 그다음에 물질의 풍요가 따라야 하는 것이다"라고 밝혔다. 그리고 이 신촌정신을 지금까지 자신이 견지해온 신념이며 이상이라고 강조했다.

이종일은 실학과 개화사상에 심취하면서 무엇보다도 봉건의식에서 벗어나야 한다고 보았다. 즉 전근대적이고 인습적인 제도와 의식을 극복해야만 개화를 일상화할 수 있다고 본 것이다. 이는 이종일의 실천적 삶을 통해 잘 드러난다. 조선 사회를 유지했던 반상의 차별과 남존여비

등 비합리적인 사회제도를 비판하고, 나아가 여성해방운동을 전개하고자 했던 것도 이러한 측면에서 이해할 수 있다.

또한 신촌사상을 확산하기 위해 신문의 역할을 강조했다. 자신의 신념과 이상을 실현시키기 위해 신문의 창간을 계획했던 것이다. 이후 이종일은 『제국신문』을 비롯하여 많은 언론을 통해 정신을 개조할 것과 신촌사상을 강조하는 글을 게재했다. 『제국신문』에 발표한 「개화의 참뜻은 윤리와 도덕」이라는 논설이 대표적이다. 이종일은 이 글에서 개화와 수구의 분별을 제대로 하지 못하고 있는 점을 안타깝게 여기고, 진정한 개화를 위해서는 애친·충애·신의 등 도덕관념을 지도 앙양해서 진짜 개화의 풍속을 알도록 해야 한다고 제안했다.

이종일이 제창한 신촌사상은 이종일의 사상적 바탕이 되었던 실학과 개화사상을 종합하여 발전시킨 시대정신이라 평가할 수 있다. 따라서 신촌사상은 의식과 정신의 개혁을 강조한 것이라 정의할 수 있을 것이다. 또한 신촌사상의 궁극적 지향점은 봉건의식을 극복하고 개화와 자강을 통해 근대 자주국가를 이룩하고자 하는 의지의 표현이라 할 수 있다.

독립협회와 민력회로 애국계몽운동에 참여하다

이종일이 활동한 한말 민족운동은 애국계몽운동과 의병투쟁이었지만, 의병투쟁보다는 애국계몽운동 분야에서 주로 활동했다. 개항 후 조선이 상당 기간 열강의 침입에 대해 완강한 항쟁을 전개했음에도 불구하고 결국 일본 제국주의자들에게 국권을 박탈당한 것은 '힘과 실력'이 부족했기 때문이라는 인식이 널리 일어나기 시작했다. 애국계몽운동은 1905년부터 1910년 사이에 전개된 개화자강파開化自强派의 국권회복을 위한 실력양성운동을 일컫는다.

1905년 을사늑약 이후 전개된 애국계몽운동은 국권회복과 근대국가 건설을 위해 애국의 기치 아래 결집하여 실력을 양성하도록 국민을 계몽하자는 운동이었다. 애국계몽운동을 주도한 인물들은 주로 개화파를 계승한 지식층, 대한제국의 관료, 개명유학자들이었다. 애국계몽운동가들은 유교적 인식을 근저에 깔면서 개화파의 맥을 계승하고, 그 위에 일본·중국을 통해 수용된 서양의 정치이론인 사회진화론을 수용했다. 사회진화론은 서구자본주의 사회가 성립하는 과정에서 형성된 것으로서, '적자생존·우승열패·생존경쟁'을 자연계와 인간 사회를 움직이는 기본원리로 삼았다. 영국의 철학자 허버트 스펜서Herbert Spencer는 생물학적인 종種의 진화에서 암시를 받아 이를 사회진화론으로 정립했는데, 이는 이후 서세동점기에 제국주의 이론을 확립시켰다.

사회진화론을 수상한 허버트 스펜서

이러한 인식의 사회진화론은 궁극적으로 부르주아 사회와 부르주아 세계의 강자가 되는 것이고, 그것은 이미 자본주의화하여 강대국이 된 서구 유럽식 근대화로 나아가는 것을 의미했다. 애국계몽운동도 이와 같은 인식 하에서 국권회복은 물론 실력양성을 통한 부국강병, 나아가 제국주의 국가로 발전하는 것을 강조했다.

애국계몽운동은 학회 등 단체를 조직하여 민중을 계몽하고자 한 운동인데, 이에 관여한 대표적인 단체가 독립협회다. 애국계몽운동에 힘쓴 이종일은 이 독립협회에 참여하고 민력회를 조직하여 계몽운동을 적극적으로 전개해나갔다.

독립협회는 아관파천으로 실추된 군주권을 강화하려는 고종, 국민 계몽과 왕권의 제한 나아가 권력의 분립을 목표로 삼았던 서재필, 그리고 정계의 주도권을 장악하여 내정개혁의 박차를 가하려는 정동파 등이 독립문 건립을 통해 공동의 당면 과제인 국가의 자주와 독립을 내외적으로 과시하기 위해 설립되었다. 이러한 점에서 독립협회는 반관반민半官半民의 성격을 갖는 애국계몽운동 단체라고 할 수 있다. 그리고 이 과정에서 『독립신문』을 먼저 창간했다. 독립협회는 1897년 독립관獨立館이라는 현판을 거는 행사을 거행한 후 그곳을 집회장소로 해서 매주 일요일마다 정례모임을 가졌다. 특히 이해 8월부터 학생과 중류층 일반 시민을 다수 참여하게 했는데, 그러면서 점차 그 성격이 계몽단체에서 정치단체로 변화했다. 이를 계기로 독립협회는 국권 수호 활동 등을 본격적으로 전개했다.

이종일은 이상재李商在의 권유로 독립협회에 가입했고, 이상재가 그에게 독립협회 간부직을 직접 맡을 것을 권유했지만 사양했다. 다만 정교·서재필·이건호·윤치호·박은식·장지연·유근·남궁억·이동녕 등 독립협회의 주요 지도자들과 긴밀한 관계를 유지하면서 독립협회를 적극 후원했다.

이종일은 독립협회의 회장을 선출할 때 윤치호를 적극 추천했고, 이후 윤치호는 회장으로 선출되었다. 이 시기는 독립협회 활동 3기에 해당하는 1898년 3월경이었다. 당시 독립협회 회장은 이완용이었는데, 이완용은 훗날 친일파로 널리 알려졌지만 독립협회 설립부터 간여한 인물이다. 이 시기 독립협회는 만민공동회萬民共同會를 개최하여 민의를 국가정책에 반영하도록 압력을 행사했다. 이러한 활동에 부담을 느낀 이완용이 전라북도 관찰사로 전직을 하게 되자 당시 부회장이었던 윤치호가 회장대리를 맡게 되었는데, 이때 이종일이 적극 후원했던 것이다. 그

만민공동회

리고 이해 9월 11일 임원진을 개편할 때도 이종일이 윤치호를 추천하여 회장으로 추대하는 데 일익을 담당했다.

독립협회는 다양한 계몽운동을 전개했지만 대표적인 것이 만민공동회다. 만민공동회는 열강의 이권 침탈에 대항하여 자주 독립의 수호와 자유 민권의 신장을 위해 조직·개최되었던 이른바 민중대회다. 만민공동회는 독립협회 주최로 처음 개최되었다. 처음에는 일부 지식인과 관료층들도 참여했기 때문에 관민공동회官民共同會라고 했다. 1897년 초 서재필 등을 중심으로 서울 종로 네거리에서 군중집회를 열어 러시아인 고문과 군부의 교련사관의 해고를 요구하여 대중 여론을 일으켰다. 그 후 이 대회는 지속적으로 열렸으며, 제국주의의 침략을 규탄하고 정부의 시책을 비판했다. 1897년 10월 박정양을 비롯한 정부의 개혁적 관료들과 독립협회가 함께 주관하면서 범국민적인 대회, 단체로 성장했다. 정부 측의 박정양·이상재, 독립협회 측의 서재필·윤치호 등이 이를 지도했고, 이후 만인이 참여한다는 뜻에서 만민공동회로 명칭을 바꾸었다.

만민공동회는 독립협회가 자신들의 주장을 관철하기 위한 압력 수단으로 개최하는 경우가 많았으나, 점차 시민들이 자발적으로 개최하는 경우가 늘어났다. 만민공동회에 참여한 사람들도 처음에는 주로 지식인과 소상인이었으나, 점점 확대되어 학생·교원·종교인·하층민까지 참여하게 되었다. 그동안 천대받던 상인이나 백정들도 많이 참여했다. 백정으로서 만민공동회에 참여한 인물로 박성춘이 있었다. 박성춘은 개막연설에서 다음과 같이 자신의 뜻을 밝혔다.

> 나는 대한의 가장 천한 사람이고 무지몰각합니다. 그러나 충군 애국의 뜻은 대강 알고 있습니다. 이에 나라에 이롭고 백성이 편안 길은 관민이 합심한 연후에야 가능하다고 생각합니다. 저 차일에 비유하건대, 한 개의 장대로 받친즉 역부족이나 많은 장대를 합하면 그 힘은 공고합니다. 원컨대, 관민이 합심하여 우리 황제의 성덕에 보답하고 국운이 만만세 이어지게 합시다.

시민들은 점차 신분을 초월하여 나라의 일을 논의하고 자신들의 주장을 자유로이 발표했으며, 스스로 대표자를 뽑아 만민공동회를 민주주의적으로 운영했다. 이종일도 만민공동회 활동에 적극 참여했다. 이종일은 만민공동회 개최를 자신과 이상재·윤치호·장지연 등과 같이 주도했다고 밝히고 있다. 특히 자신의 비망록에서 만민공동회에 대해 "독립협회의 군권과 민권을 수호한 최상 최대의 좋은 사례"라고 평가했다.

만민공동회의 대표적인 활동은 「헌의6조」의 채택이었는데, 이는 당시 사회 분위기로서는 수용하기 어려운 부분도 없지 않았다. 「헌의6조」를 채택하는 과정에서 이종일은 『제국신문』의 사장으로서 참여했다. 그 내용은 다음과 같다.

1. 외국에게 의부依附하지 않고 관민이 한마음으로 협력하여 전제황권專制皇權을 견고하게 할 것.
2. 광산·철도·매탄煤炭·삼림 및 차관借款 차병借兵과 무릇 정부가 외국인과 맺는 일을 만약 각부 대신과 중추원 의장이 합동으로 날인하지 않으면 시행하지 말 것.
3. 전국 재정은 어떤 세금을 막론하고 탁지부度支部가 관할하게 하되, 타 부부府部와 사회사私會社는 간섭하지 말며 예산 결산을 인민에게 공포할 것.
4. 지금부터 중죄를 저지른 범인은 별도로 공판하되 피고가 철저히 설명하여 끝내 스스로 인정한 뒤 시행할 것.
5. 칙임관勅任官은 대황제 폐하께서 정부에 자순諮詢하여 과반수를 따라 임명할 것.
6. 실천장정實踐章程에 관한 것.

「헌의6조」의 내용은 전제황권을 공고화할 것, 외국에 대한 이권 양여나 조약 체결 등은 각부 대신과 중추원 의장이 합동으로 날인할 것, 전국의 재정과 조세는 탁지부에서 관장하고 예산 결산은 인민에게 공개할 것, 모든 중범죄도 공판을 하되 피고의 자백이 있어야 시행할 수 있도록 할 것, 칙임관은 황제가 정부의 과반수 동의를 얻어서 임명할 것, 규정을 실천할 것 등이었다.

「헌의6조」에 대하여 고종은 독립협회의 요구에 부응하여 「조칙5조」를 하달했다. 「조칙5조」는 중추원 존속실시 등 「헌의6조」에 대한 긍정적 회신이었다. 그렇지만 독립협회가 박정양을 대통령, 윤치호를 부통령, 이상재를 내부대신으로 선거하고 국체를 공화정으로 바꾸려고 한다는 무고가 잇따르자, 고종은 의정부議政府 찬정贊政 조병식趙秉式 등의 모함을 믿고 관민공동회에 참석했던 박정양朴定陽 등 대신을 해임하고 독립협회 간부를 구속했다. 이를 계기로 독립협회는 해산되었고 다시 수구파 정권이 수립되었다.

비망록에 의하면, 이종일은 서재필과 함께 독립협회를 설립하는 데 적극적으로 후원했으며, 앞서 언급한 만민공동회에도 적극 참여했다고 한다. 특히 독립협회는 반러시아운동을 적극 전개했는데, 러시아의 한로은행韓露銀行 및 재정고문과 군사고문 초빙을 폐지하라고 주장한 것은 자신과 협의했던 것임을 강조했다. 이 외에도 이동녕이 자신을 찾아와 독립협회 회원들이 이종일을 '사상적 고취자'라고 칭한다고 전해주자, 이종일은 자신이 고취한 민권의식이 독립협회에 반영되고 있는 것이라고 생각했다. 이로써 볼 때 이종일은 직접 독립협회에 관여하지는 않았지만 고문 역할을 하고 있었다.

독립협회는 1897년 8월 8일 협회의 정기적 모임인 통상회通常會에서 토론회를 조직하기로 결의한 이래, 이듬해 12월까지 총 34회의 토론회를 개최했다. 이 토론회에서는 새 교육 진흥, 산업 개발, 민족 문화, 미신 타파, 위생과 치안, 자유 독립, 신문 보급, 대외정책, 수구파 비판, 이권양도 반대, 자유민권, 의회 설립, 독립협회 지회 설치 등 사회 전반의 문제를 토론했다. 이종일은 이상재·윤치호 등 독립협회 회원들에게 수차 강의를 하기도 하면서, 정약용의 실학사상과 동학의 보국안민輔國安民 제세구민濟世救民 정신을 강조했다.

이종일은 독립협회 외에 민력회를 조직하여 계몽운동을 전개하기도 했다. 1898년 3월 5일 자택에서 "민권民權의 총합總合과 정부의 비정秕政을 비판하는 것"을 목적으로 유영석柳永錫·이종문李鍾文·정교鄭喬·장효근張孝根·염상모廉相模·이종면李鍾冕 등과 민력회를 조직하기로 뜻을 모았다. 4일 후인 3월 9일에 정식으로 민력회를 조직했다. 이종일의 비망록에서는 이 민력회를 '대한제국민력회大韓帝國民力會'라고 했다. 초기 회원은 아니었지만 후일 박은식과 유근도 민력회에 가입하여 활동했다. 민력회 창립 당시 조직 구성은 다음과 같다.

회　장: 이종일　　　부회장: 유영석

주간사: 염상모　　　고　문: 정교·이건호·이종면·이종문

민력회 회원은 약 40여 명 정도였다. 이종일은 매주 말 회원들에게 실학과 동학사상을 강론하며 민권운동을 역설했다. 이종일은 동학과 실

학사상이 민력民力을 배양·발전시킬 수 있는 것이라 믿었으며, 이를 통해 국력신장의 근간이 될 인재를 양성하고자 했다. 민력회는 독립협회와 공동으로 계몽활동을 전개했다. 민력회 회원이 독립협회에서도 활동했기 때문이다. 이러한 사정으로 민력회는 독립협회 회원과 만민공동회에 공동으로 참여하며 연설회를 개최하고, 외국에 이권양도를 반대하는 상소를 올리는 등 다양한 활동을 전개했다.

또한 독립협회 활동이 정부의 탄압으로 위축되었을 때, 민력회 회원들을 동원해 독립협회를 후원하기도 했다. 이종일은 독립협회와 민력회의 관계에 대해 "독립협회란 것은 내가 자강사상을 양양하기 위해 애써 참여하는 터이며, 또 민력회에도 관여하고 있다. 두 회만은 인재를 양성함으로써 국력 신장의 근간이 될 인사를 기르려 하는 것이다. 여기에 정부 측에서 두 회에 대하여 물심양면으로 협조해준다면 우리나라의 독립 기초는 민중의 확고한 기반 위에 서게 될 것"이라고 언급했다.

그런 점에서 독립협회와 민력회는 상호보완적인 관계라 할 수 있다. 하지만 민력회에 대한 자료가 많지 않아서 1899년 이후의 활동상은 자세히 알 수 없다. 그러나 『묵암비망록』에 따르면 민력회원들이 보성사普成社 사원과 함께 군자금을 모금하여 비밀결사 단체인 독립의군부獨立義軍府에 전달했다는 기록이 있어, 민력회가 일제강점 이후까지 활동했을 것으로 짐작해볼 수 있다. 독립의군부는 1912년 임병찬이 고종의 밀명으로 조직한 비밀결사였다. 한말 의병장과 유생들이 참여했으며, 주로 호남 지방을 중심으로 경기도와 강원도 등지에서 활동한 조직이다.

근대 학교 설립과 국문 연구에 참여하다

이종일은 개화의 방법으로 신문 창간과 함께 학교 설립을 중요시했고, 이에 따라 학교 설립에 적극적으로 관여했다. 이종일은 1894년 보성보통학교普成普通學校 교장으로 취임했으며, 1898년 11월에는 민영환閔泳煥·임병구·한우韓宇·정교 등과 함께 사립 흥화학교興化學校를 설립했다. 이종일이 흥화학교 설립에 얼마나 관여했는지는 구체적으로 확인할 수 없다. 다만 비망록에서 "민영환 등과 내가 발기한 것"이라고 밝힌 내용을 참조할 수 있다.

흥화학교는 보통과와 고등과로 나누었으며, 보통과의 졸업 연한은 3년, 고등과는 2년이었다. 입학 연령은 15세 이상 30세 미만이었다. 설립 초기에는 교과목에서 영어를 중시했고, 일어는 가르치지 않았다. 이후 심상과尋常科·특별과와 함께 당시 조선에 전국적인 토지 측량이 이루어지지 않은 점을 감안하여 측량을 전문으로 가르치는 양지과量地科를

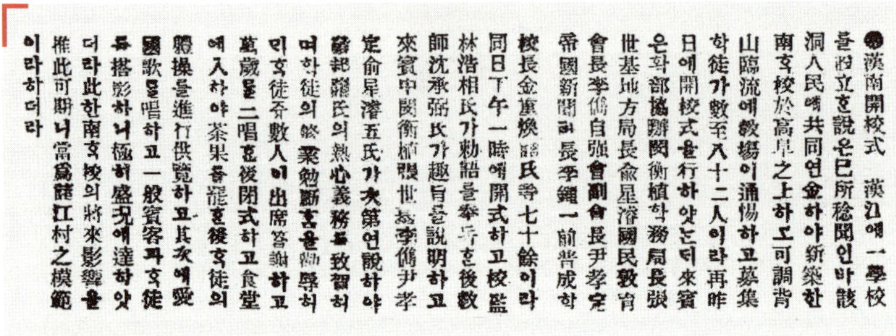

●漢南開校式 漢江에一學校를設立ᄒᆞᆫ說은已所稔聞인바該洞人民에共同연金ᄒᆞ야新築ᄒᆞᆫ南학校於高阜之上ᄒᆞ니可謂背山臨流에敎場이通暢ᄒᆞ고募集학徒가數至八十二人이라再昨日에開校式을行ᄒᆞ얏ᄂᆞᆫ데來賓은학部協辦閔衡植학務局長張世基地方局長兪星濬國民敎育會長李儁自强會副會長尹孝定帝國新聞社長李鍾一前참成학校長金寅煥諸氏等七十餘이라同日下午一時에開式ᄒᆞ고校監林浩相氏가勅語를奉讀ᄒᆞᆫ後敎師沈承弼氏가趣旨를說明ᄒᆞ고來賓中閔衡植張世基李儁尹孝定兪星濬五氏가次第연說ᄒᆞ야諸氏의熱心義務를致賀ᄒᆞ며학徒의益加勉勵ᄒᆞᆷ을勸學ᄒᆞ며학徒中數人이出席答辭ᄒᆞ고萬歲를三唱ᄒᆞᆫ後閉式ᄒᆞ고食堂에入ᄒᆞ야茶果를罷ᄒᆞᆫ後학徒의體操를進行供覽ᄒᆞ고其次에愛國歌를唱ᄒᆞ고一般賓客과학徒를撮影ᄒᆞ니極히盛況에達ᄒᆞ얏더라此한南학校의將來影響을推此可期니當爲諸江村之模範이라ᄒᆞ더라

한남학교 개교식 관련 기사(『대한매일신보』 1906년 9월 25일자)

大韓帝國光武六年三月十一日火曜日 (一)

뎨국신문

光武二年八月八日 農商工部認可

第五卷 第五十一號

論說

국문학교셜립

국문학교 설립 기사(『제국신문』 1902년 3월 11일자)

설치했다. 당시 대부분의 근대적 학교들이 외국인 선교사에 의해 설립되었던 데 반해, 흥화학교는 조선인이 세운 신뢰할 만한 학교로 인식되었고, 더욱이 야간 과정이 개설되었기 때문에 인기가 높았다. 1899년 12월만 해도 학생 수가 주간 47명, 야간 79명으로 126명에 달했고, 12월 말에는 주간 60명, 야간 90명, 총 150명으로 늘었다. 을사늑약 후에는 설립 정신을 교육구국教育救國을 위한 인재양성으로 전환하여 민족 정신을 일깨우고 애국심을 고취하는 교육에 주력했다.

이종일은 1902년 2월에는 김가진金嘉鎭·지석영池錫永·이재각李載覺·조동완趙東完 등과 국문학교國文學校 설립에도 참여했으며, 한강 한남학교漢南學校의 건립을 협찬하는 등 학교 설립에 적극적이었다. 국문학교는 국문, 즉 한글을 널리 활용할 것을 목적으로 설립되었다. 이종일이 국문학교에 관여한 것은 그의 국문연구소 활동과 밀접했다. 국문학교 설립에 대해서 이종일은 『제국신문』에 「국문학교 설립」이라는 사설을 게재하여 홍보하기도 했다.

한남학교는 1906년 9월 23일 이종일과 전 내부협판 김종환, 지역 유지들이 기금을 출연하여 82명의 학생을 모아 설립되었다. 이날 오후 1시에 거행된 개교식은 교감 임호상의 칙어 봉독, 교사 신승필이 취지서 낭독, 학부협판 민형식과 학무국장 장세기의 축사, 국민교육회장 이준, 자강회 부회장 윤효정, 지방국장 윤성준 등의 축하 연설과 만세삼창 순으로 진행되었다. 다과회에 이어 학생들의 체조시범과 애국가 합창 등이 진행되었다. 이 자리에 참석한 일동은 칭찬을 아끼지 않았다. 개교식에 참석한 이종일이 신문에 크게 보도해줄 것을 요청받자, 개교식 상황을 『제국신문』 1906년 9월 25일과 26일자에 연이어 보도하면서 이와 관련된 논설로 게재하기도 했다.

이종일은 보광학교에 교사로 재임하는 동안 학생들에게 훈화와 국사 교육을 통하여 애국정신을 일깨워주었다. 보광학교는 1904년 9월 운니동에 설립되었다. 이종일과 함께 재직했던 교사로는 김봉수·김찬식 등이 있었다. 이종일에게 가르침을 받은 제자 중 한 명인 이병도는 다음과 같이 회고했다.

> 이종일 선생은 나의 은사였다. 내가 어려서 공부하던 보광학교普光學校의 교장이었다. 가끔 그분의 훈화訓話와 또 국사國史 강의도 들은 기억이 난다. 이 학교는 지금의 국민학교 정도지만, 어떤 과목은 중학교와 같았다. 더욱이 한문에 있어서는 글방 아이들을 모아다놓은 만큼 정도가 지금의 대학생보다 높았다.
>
> 선생의 낭랑한 목소리와 훤칠한 키에, 한복 차림의 모습은 지금도 눈에 선하다. 그때 그분은 다른 일에도 바빴던 모양이나 학교에도 자주 나오셨다. 나는 어린 시절이기 때문에 그분이 그렇게 위대한 선각자임은 알지 못하였다. 내가 국사를 전공하고 또 우연한 일이지만 옥파기념사업회沃坡記念事業會의 회장직을 맡게 된 것을 생각할 때 한 기연奇緣이라고 아니할 수 없다.

이종일의 교육사상과 교육이론은 어떠했을까? 첫째 이종일은 여러 차례에 걸쳐 언론을 통해 교육구국론의 실현 수단으로서 학교 설립을 강조했다. 그는 정부가 서울에 관립학교를 많이 설립하고, 지방에도 학교를 세워 청소년들에게 천문·지리·수학·화학 등 실질적인 학문을 익힐 것을 권장했으며, 이를 통해 사회에 필요한 사람을 길러내야 한다고 했다. 특히 일본·러시아 등 근대 문명을 수용한 국가들의 구체적인 교육 현황 통계를 들어 당시 조선의 열악한 교육환경을 지적했고, 그 해결책의 하나로 학교의 설립을 촉구하는 한편 교육에 힘쓰는 것이 무엇보다도 급선무임을 강조했다. 여기서 그치지 않고 조선의 취학률을 분석하면서 외국의 통계를 인용·대비하며 교육의 중요성을 강조했다. 당시 각국의 취학률을 보면 독일은 94%, 미국은 90%, 프랑스는 79%, 일본은 약 60%, 청국은 10% 정도였는데, 조선의 취학률이 청국만도 못하다는 현실을 개탄했다. 이를 타개하기 위해서는 학교를 많이 설립하여 교육에 힘써야 한다고 주장한 것이다.

또한 이종일은 교육의 궁극적 목적을 '국권의 회복과 대한의 중흥'이라 했다. 반드시 교육에 힘써서 민중의 학문과 지식을 발달시킨 후라야 국권 회복이 가능하다고 인식했다. 그는 당시 비록 설립된 학교가 적고 교과서가 완전치 못하며 전문교육을 받은 교원이 적은 상황이었지만, 당장의 효과보다는 미래지향적인 낙관론을 펼쳤다.

이종일은 교육과 지식을 국권과 매우 밀접한 관계로 보았다. 즉 "교육은 나라의 근본이 되고, 지식은 나무가 되며 국권은 나무의 열매가 된다"고 비유했다. 나무 열매가 잘 열리느냐, 못 열리느냐 하는 것은 그 나무의 뿌리가 충실한지 아닌지로 판별할 수 있다는 논리이다.

이처럼 교육의 중요성을 누차 강조하면서도 이종일은 교육은 순서와 방법에 따라 진행해야만 성과를 올릴 수 있다고 했다. 이에 따라 교육사업의 당면 과제는 신학문 서적을 발간하여 전국에 보급하는 것이라고 지적했다. 외국 서적을 한글로 번역하고 보급하여 교육을 받는 학생은 물론 교육을 제대로 받지 못하는 사람들에게도 도움을 주어야 한다고 했다.

이종일은 의무교육 실시를 강조했다. 의무교육을 '국운을 회복하는 근본 발원'이라고 인식했다. 그뿐만 아니라 의무교육이 곧 문명국의 기준이라고 인식했다. 문명국은 6~7세기가 되면 무조건 학교에 입학하게 하고, 교육 경비는 국민에게 부과시켜 2세 국민을 위한 학업에 힘쓰고 있다는 점을 강조했다. 의무교육은 곧 '문명한 나라'가 되는 첩경이었다. 이러한 인식으로 대한자강회大韓自强會에서 정부에 제출한 의무교육법 실시를 전폭적으로 지지하며 의무교육의 조속한 실시를 촉구했다. 특히 『제국신문』의 사설을 통하여 국민은 국가에 대해 의무교육을 받을 권리가 있다고 전제하고, 이 의무교육은 국가의 흥망성쇠와 관련이 있는 것이므로 하루 빨리 실시되어 마땅하다고 했다. 그리고 이러한 의무교육 실시에 호응을 보이고 있는 평양平壤·홍천洪川 지역의 활동을 소개했다.

특히 홍천군수 김영진의 실천 사례를 예로 들면서 적극적으로 지방의 의무교육을 장려했다. 그렇지만 지역의 학교 건립과 운영이 일부 유지들의 의연금義捐金에 의존하기 때문에 곧 재정 고갈에 이르게 된다고 하면서 의무교육 경비를 부담하는 것은 국민의 나라와 동포와 형제를 위한 의무라고 강조했다.

의무교육을 강조한 이종일은 대한자강회에서 정부가 의무교육을 실시해야 한다고 건의한 지 시간이 꽤 흘렀음에도 불구하고 정부에서 반응이 없자, “백성이 모두 교육을 받으면 국가가 문명해져 학부의 어리석은 관리들이 물러나야 하기 때문이 아니냐”고 꼬집었다.

이종일은 의무교육의 실시를 위해서는 무엇보다도 지방관의 역할이 중요하다고 인식했다. 그는 뇌물과 사정私情에 끌리는 학식 없고 완매한 사람이 아니라, 새로운 학식이 있고 책임감 있는 사람을 지방관으로 임명하는 것이야말로 국가 발전의 지름길이라고 보았다. 때문에 정부는 의무교육의 실시를 위해서라도 지방관 임용에 신중해야 한다고 했다.

이 밖에도 이종일은 반상班常의 차별이 없는 교육의 기회평등론을 강조했다. 사람은 태어날 때부터 우열의 구분이 없이 평등하다고 인식했기 때문이다. 그렇지만 사람의 능력에 따라 또는 생김새에 따라 우열을 구분하는데, 학문을 배우면 규범에 적당하고 이치에 맞는 우등 인간이 될 수 있다고 했다. 특히 인간의 귀천을 구분하는 반상제도는 교육의 장애요인이라고 비판하면서 양반뿐 아니라 평민이나 상민들에게도 교육의 기회를 주어야 한다는 점을 강조했다.

이종일은 실용적인 교육과 적성교육을 강조했다. 이에 따라 이종일은 구학문과 신학문은 서로 보완되어야 할 관계라고 하면서, 그럼에도 서로 시비하고 미워하는 현실을 개탄했다. 구체적으로 구학문으로는 요순堯舜의 도道와 공맹孔孟의 서書·노불지학老佛之學·병학兵學·의학醫學 등을 언급했고, 신학문으로는 정치학政治學·법률학法律學·농학農學·화학化學·사관학史官學·공장학工場學 등이 있다고 했다. 그러면서 이 두 학문을 잘 조화시켜 견문을 넓혀야 한다고 했다.

이종일은 우리나라의 '선비'들이 지나치게 구학문에만 몰두하고 실생활에 유익한 실용성 있는 신학문에는 관심이 없다고 비판했다. 또 우리나라에는 참된 선비가 없다고 하면서, 위선적이고 이기적인 선비 사회의 허구성을 통렬히 공박했다. 이종일은 실생활에 유익한 실용성 있는 학문으로 구체적으로 천문·지리·수학·화학·물리·농학·상학·공학을 들었다. 이는 실학자들이 주장한 실사구시의 학문과 맥락을 같이하는 것이다.

이종일은 서양이 근대화되고 부강해진 이유는 학교교육에서 능력을 살려 전문인을 양성하고, 이들이 일상생활에 편리하고 유익한 것을 많이 만들었기 때문이라고 인식했다. 이종일이 신학문을 배울 것을 강조한 궁극적 목표는 바로 서양과 같이 근대문명국이 되자는 것이었다. 이종일은 국민들이 잘 살고 나라가 부강하기 위해서는 하루빨리 개개인의 능력과 소질을 길러주어야 한다고 했다. 외국에서는 사람의 능력을 부국강병하는 길로 인도해서 무궁한 발전을 꾀하는데, 우리나라에서는 아까운 재주를 협잡하는 수단으로 이용하여 패가망국敗家亡國하는 길로 가고 있으니, 개명한 서양과의 엄청난 차이는 당연한 일이 아니냐고 반문하기도 했다.

이종일은 중국 중심 한학의 허식적 문장만을 숭상해온 폐습을 버릴 것을 강조했다. 대신 실용적 학문의 하나로서 우리의 역사를 편찬하여 국민의식을 고취할 것을 강조했다. 중국의 역사는 잘 알면서도 정작 우리의 역사를 모르는 현실을 부끄럽게 생각해야 한다는 것이다. 당시 정부는 갑오개혁 이후 민족사에 대한 자각으로 학부學部에서 우리의 역사를 저술하여 민간에 배포했다. 이에 대해 이종일은 내용이 너무 소략하기 때문에 교재로서 부족하다고 생각하고 보다 풍부한 내용으로 편찬할 것을 요구했다. 이종일이 우리나라 역사에 대해 강조한 부분은 실학자들의 주체적 역사인식과 일맥상통하는 것이라 할 수 있다.

이종일은 가정교육과 대학교육의 중요성을 강조했다. 그는 의무교육을 강조하는 한편 가장 중요한 교육 기능으로서 가정교육을 강조했다. 특히 외국의 가정교육과 우리의 가정교육을 비교하며, 가정교육이 곧 국가의 발전과 직결되는 것이라 지적했다. 이와 더불어 완전한 가정교육을 위하여 육아에 가장 큰 영향을 미치는 여성교육을 강조했다. 그는 여성을 '국민의 어머니, 사회의 꽃, 민족(인류)의 태양'이라고 하며 가정과 사회와 민족을 위하여 여성교육이 중요하다고 역설했다. 여기에서 여성이란 구체적으로 어머니를 지칭한다. 이는 이종일이 일관되게 주장하는 여성해방론과도 밀접한 관련이 있다.

그뿐만 아니라 이종일은 국가의 동량棟梁을 양성하기 위하여 조속히 최고 교육기관인 대학의 설립을 강조했다. 이와 함께 제 기능을 발휘하지 못하는 성균관成均館의 학제를 개혁하여 신구新舊 학문의 조화로운 교육을 실시함으로써 외세에 몰려 위급하게 된 국가의 명운을 헤쳐나가야 한다고 역설했다.

이종일은 한글 연구에도 관여했을 뿐만 아니라 한글에 뛰어난 식견을 보여주었다. 이종일은 1907년 9월 이후 1909년 12월까지 2년여간 학부學部의 국문연구소國文硏究所 연구위원硏究委員으로 활동했다. 이는 『구한국관보舊韓國官報』(1907년 9월 26일자)와 『황성신문』(1907년 9월 21일자) 및

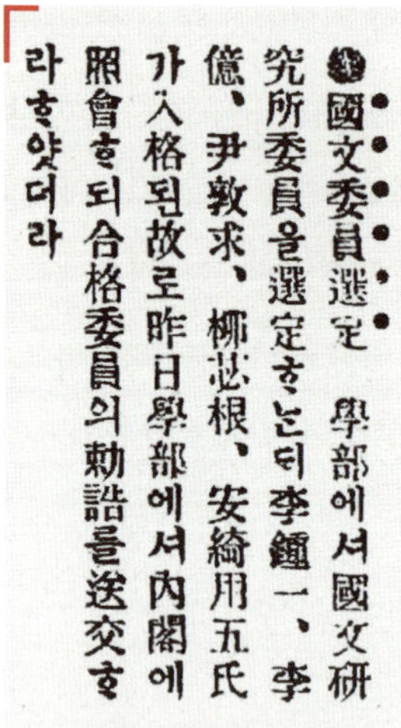
●國文委員選定● 學部에셔國文研究所委員을選定ᄒᆞᄂᆞᆫ ᄃᆡ李鍾一、李億、尹敎求、柳苾根、安綺用五氏가入格된故로昨日學部에셔內閣에照會ᄒᆞ되合格委員의勅語를送交ᄒᆞ라ᄒᆞ얏더라

이종일의 국문연구소 연구위원 선임 보도 기사(『황성신문』 1907년 9월 21일자)

『학부직원록學部職員錄』(학부대신관방비서고, 1909년 7월 15일 현재) 등의 자료에서 확인된다. 『황성신문』(1907년 7월 15일자)에 의하면 1차로 선임된 7인의 국문연구위원은 위원장에 학무국장 윤치호, 위원에는 편집국장 장헌식·법어학교장 이능화李能和·정3품 현은玄檃·내부서기관 권보상·주시경周時經 등이 선정되었다. 이종일은 이억·윤돈구·송기용·유필근 등과 함께 9월 23일자로 선임되었다.

이종일은 국문연구위원으로 피임된 직후 사임을 청원했으나 받아들여지지 않았다. 이종일이 사임을 청원한 이유는 분명하지 않지만 이는 관 주도의 한글 연구가 탐탁하지 않았기 때문으로 풀이된다. 그렇지만 1913년 이종일이 저술한 「언문의해諺文義解」에서 "일찍이 국문의 보관報官에 여러 성상星霜 종사한 적이 있다"고 스스로 국문연구위원으로 활동했음을 밝히고 있다.

이종일의 한글 사랑은 남다른 데가 있었다. 우선 『제국신문』을 순한글체제로 창간한 것이 곧 한글 사랑의 실천이었다. 물론 이종일이 『제국신문』을 창간하며 순한글을 주장했던 것은 『제국신문』의 주 독자층을 여성으로 설정했기 때문이기도 했다. 그러나 그의 한글 사랑에 관한 글을 보면 단순히 여성에 대한 계몽 수단으로서 순한글 체제로 창간한 것이 아니라 일반 대중에게 한글을 보급하기 위한 것임을 알 수 있다.

이종일은 한글이 이치가 분명하고 말을 만드는 방법이 과학적이며, 실제 운용에 있어서도 절대 한문에 뒤지지 않는 '세계의 글 중에 으뜸'이라고 자부했다. 한문은 말과 글이 일치하지 않을 뿐만 아니라 글자 수가 굉장히 많아 10년을 배워도 통달할 수 없으며, 또한 중국의 글이기 때문에 우리들에게는 음의音義와 언어言語가 서로 많이 달라 배우기도 어렵다는 점을 꼬집었다. 나아가 한문만을 숭상하고 한글을 언문諺文, 아녀자의 글이라 부르며 천시하는 세태를 비판했다. 이종일은 중국과 우리나라는 문화적 차이가 있기 때문에 한문으로는 표현할 수 없는 아름다운 한글이 있으며, 한문은 비록 뜻은 아름다우나 우리말로 형언할 수 없다는 한계가 있음을 지적했다.

나아가 당시 우리나라가 외세에 핍박을 받게 된 것도 이처럼 한글을 천시하는 등 자주사상自主思想의 결여와 중국에 의지하고자 하는 사대사상 때문이라고 지적했다. 이종일은 한글의 우수성과 실용성을 강조하면서도 그렇다고 한문을 배척한 것은 아니었다. 한문도 한글과 같이 중하게 여기고 널리 쓰고 연구하자는 겸용론兼用論을 주장한 것이다.

이종일은 한글 연구에 있어서도 탁월한 견해를 제시했다. 「언문의해」에서 자모字母는 천·지·인의 삼음三音이 있다고 하며, 천음天音 24자, 지음地音 11자, 인음人音 8자 등 43음으로 나누고 이것만 배우면 저절로 음을 배합하는 법을 체득하게 되어 모든 글자를 기록할 수 있다고 했다. 따라서 지혜로운 사람은 몇 시간만 배워도 통달할 수 있고 우매한 사람이라도 수십 일 걸리면 해득할 수 있다는 것이다.

이종일이 제시한 천·지·인 43음의 내용은 다음과 같다.

(1) 천음天音 24자

- 궁宮과 토土인 후음喉音: ㅇ, ㆆ, ㅎ, ㆅ
- 상商과 금金인 치음齒音: ㅅ, ㅿ, ㅈ, ㅊ, ㅆ, ㅉ
- 각角과 목木인 아음牙音: ㄱ, ㅋ, ㆁ, ㄲ
- 징徵며 화火인 설음舌音: ㄴ, ㄷ, ㅌ, ㄹ, ㄸ
- 우羽요 수水인 순음脣音: ㅁ, ㅸ, ㅂ, ㅍ, ㅃ

(2) 지음地音 11자: ㆍ, ㅣ, ㅡ, ㅗ, ㅜ, ㅏ, ㅓ, ㅛ, ㅠ, ㅑ, ㅕ

(3) 인음人音 8자: ㅇ, ㅅ, ㄱ, ㄴ, ㄷ, ㄹ, ㅁ, ㅂ

이종일은 한글을 가르치는 구체적인 방법도 제시했다. 그는 이 방법에서 한글을 가르치는 사람은 가·갸·거 등 순서로 익히는 옛날의 관계를 따르지 말고 반드시 먼저 천음과 지음 29자(쓰이지 않는 6자 제외)를 가르치되, 매번 두세 글자로 예를 삼아서 외우고 익힌 다음에 다시 두 글자를 합의合意한 것을 가르쳐야 한다고 했다. 즉 'ㅎ'과 'ㅏ'가 합하면 곧 '하'가 되는 것이며, 'ㅋ'과 'ㅑ'가 합하면 곧 '캬'가 되는 이치를 가르쳐야 한다는 것이다.

이처럼 2자의 합음合音을 가르치고 난 뒤에 다시 인음 8자를 가르쳐야 하는데, ㄱ(기역)·ㄴ(니은) 순으로 익히는 옛 관례를 채택하지 말고 배운 것을 완전히 숙지하고 나서 다시 3자의 합음을 가르쳐야 한다고 했다. 즉 '아'자 밑에 'ㅇ'을 더하면 '앙'이 되고, '그'자 밑에 'ㄱ'을 더하면

'극'이 된다는 방식으로 가르친다면 옛 방식으로 가르치는 것보다 능률이 배가 될 것이라고 했다. 이후 4자 합음, 5자 합음, 6자 합음을 가르치는 예와, 장단음의 구별과 합음취의合音取義의 예를 들었다.

이 밖에도 이종일은 종성관終聲觀은 훈민정음 해례 종성해終聲解의 정신과 일치하는 것이며 오랜 관습을 중시하여 실용주의적인 견해를 보인 것으로 평가되고 있다. 또한 발음기관설發音器官設의 제창도 탁견으로 평가되고 있다.

여성을 위해 『제국신문』을 창간하다

이종일은 국력 배양의 구체적 대안으로 첫째 신문의 창간, 둘째 학교의 설립, 셋째 부녀층의 계몽을 제시했다. 그중에서도 개화와 계몽을 위해 가장 주력한 것은 신문의 창간을 통한 언론활동이었다.

그는 나라의 문명 개화를 촉진하는 수단과 매체로서는 신문이 제일이며, 국민 대중에게 홍보하는 데도 가장 중요한 기능을 가지고 있다고 보았다. 그 기능은 곧 "개명開明을 위한 나침반이며, 세상의 눈과 귀의 역할을 하는 것"이라 했다. 또한 자강사상自强思想을 발현하여 우리나라의 완전 독립과 강병, 민권의 창달을 이루기 위해서도 신문 창간이 필요하다고 역설했다.

이종일은 1898년 초부터 신문 창간을 준비했다. 유영석柳永錫·이종면李鍾冕·이종문李鍾文·장효근張孝根·정교鄭喬·염상모廉相模 등 이문사以文社 관계자들과 더불어 박은식·이동녕·장지연·남궁억 등과 신문 발행에 관해

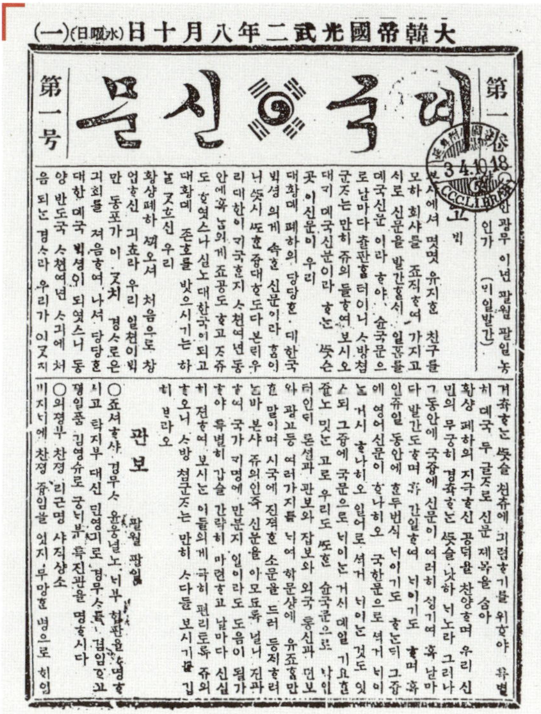

大韓帝國光武二年八月十日(水曜日)(一)

第一号 뎨국신문 第一号

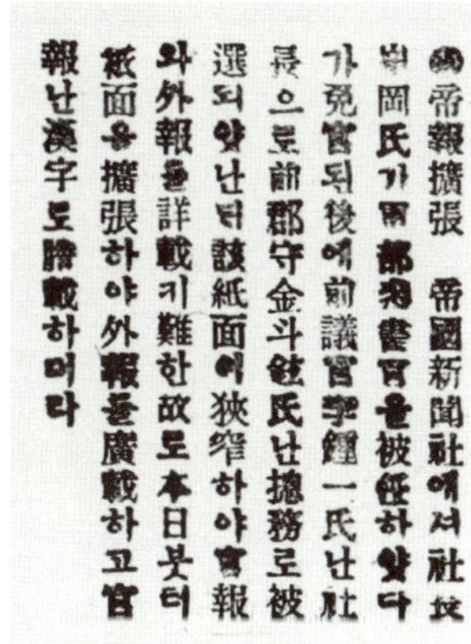

帝報擴張 帝國新聞社에서 社長 [illegible]岡氏가 兩部書記官을 被任하얏다가 免官된 後에 前議官 李鍾一氏난 社長으로 前郡守 金斗鉉氏난 總務로 被選되얏난ᄃᆡ 該紙面에 狹窄하야 官報와 外報를 詳載키 難한 故로 本日붓터 紙面을 擴張하야 外報를 廣載하고 官報난 漢字로 謄載하며 다

『제국신문』 창간호
(좌, 1898년 8월 10일자)와
이종일 『제국신문』 사장 재임기사
(우, 『황성신문』 1903년 7월 6일자)

수차 회의를 거듭했다. 그러한 과정을 거친 후 마침내 이해 8월 8일 신문발행 인가를 받고 8월 10일 『제국신문』이 창간호를 발행했다. 『제국신문』이 창간되던 1898년은 『매일신문』·『황성신문』 등 일반 시사신문이 민간에서 간행되었고, 격일간이던 『독립신문』도 일간으로 발행되어 일간신문 시대의 기점이 된 시기이다. 이종일은 자신이 창간한 신문의 제호를 『제국신문』이라고 했다. 여기에는 많은 논의가 없지 않았지만, 창간호에 게재된 「고백」에 의하면 제호의 결정 과정이 잘 드러나 있다.

본사에서 몇몇 유지한 친구를 모아 회사를 조직하여가지고 서로 신문을 발행할 새, 이름을 제국신문이라 하여 순국문으로 날마다 출판할 터이니 사방첨군자는 많이 주의들 하여 보시오. 대개 제국신문이라 하는 뜻은 곧 이 신문이 우리 대황제 폐하의 당당한 대한국 백성에게 속한 신문이라 함이니, 뜻이 또한 중대하도다. 본래 우리 대한이 개국한 지 사천여 년 동안에 혹 남에게 조공도 하고 자주도 하였으나, 실로 대한국이 되고 대황제 존호를 받으시기는 하늘같으신 우리 황상폐하께오서 처음으로 창업하신 기초라. 우리 일천 일백만 동포가 이같이 경사로운 기회를 처음으로 나서 당당한 대한제국 백성이 되었으니, 동양 반도국 사천여 년 사기에 처음 되는 경사라. 우리가 이같이 경축하는 뜻을 천추에 기념하기를 위하여 특별히 제국 두 글자로 신문 제목을 삼아 황상 폐하의 지극하신 공덕을 찬양하며 우리 신민의 무궁히 경축하는 뜻을 나타내노라.

이종일은 대한제국의 당당한 자주성을 드러내기 위해 창간 신문의 제호를 『제국신문』이라고 했다고 밝히고 있다. 신문의 제호로는 『매일신문每日新聞』·『대한신문大韓新聞』·『광무신문光武新聞』 등이 검토되었지만, 대한제국大韓帝國의 수립과 황제皇帝의 공덕을 기리기 위하여 『제국신문』으로 하자는 이종일의 견해에 따라 『제국신문』으로 결정되었다. 이종일은 『제국신문』이란 어의語義에 대하여 창간사에서 보다 구체적으로 부연 설명했는데, "대황제 폐하의 당당한 대한국 백성에게 속한 신문"이라는 의미로 설명하며 자주국가로서의 주체성을 강조했다. 그리고 한글신문을 발행하게 된 이유에 대해서도 다음과 같이 밝히고 있다.

> 그동안 국중에 신문이 여럿이 생기어 혹 날마다 발간도 하고, 혹 간일로 하여 내이기도 하며, 혹 일주일 동안 한두 번씩 내이기도 하는데, 그중에 영어신문이 하나요, 국한문으로 섞어 내이는 것이 하나요, 일어로 섞어 내이는 것도 있으되, 그중에 국문으로 내이는 것이 제일 기요할 줄로 믿는 고로, 우리도 또한 순국문으로 박인 터인데, 논설과 관보와 잡조와 외국 통신과 전보와 광고 등 여러 가지를 내어 학문상의 유조할 만한 말이며 시국에 전적한 소문을 들어 등재하려는바 본사 주의인즉 신문을 아무쪼록 널리 선파하여 국가 개명에 만분시일이라도 도움이 될까 하여 …….

이종일이 한글신문을 발행한 것은 당시 발행되고 있는 신문이 영어, 국한문, 국일문 등으로 한글로 발행하는 신문이 드물었기 때문이었다. 나아가 국가 개명의 만분지일이라도 도움이 되기 위해 한글신문을 창간했다고 밝혔다.

『제국신문』의 주지主旨는 "민중을 계몽하고 개화를 촉진하며 또 민중의 의식구조를 개혁"하는 것이었다. 『제국신문』의 창간 목적에 대해서는 이종일이 집필한 1898년 8월 12일자 기사 「고백」에 집약되어 있다. 이 글에는 『제국신문』이 더욱 흥왕하여 국가의 개명과 발전에 이바지할 것과, 사실의 엄정한 기록을 통하여 훗날 과거를 반성하는 역사적 기록물로서의 소임을 다하겠다는 의지가 표현되어 있다.

『제국신문』의 사시社是로서는, 첫째 우리나라의 법도와 풍속을 날마다 고쳐 몇 해 안에 서양의 문명제국과 동등하게 되어 남에게 수치를 받지 않기를 바라고, 둘째 창간일을 기점으로 『제국신문』 기사를 사기史記

처럼 여겨 풍속과 사적事績을 개선하자는 것을 내세웠다. 이종일은 개화를 위한 국민계몽을 목적으로 『제국신문』을 창간했음을 명백히 밝히고 있다. 창간사에 해당하는 「고백」의 주요 내용은 다음과 같다.

> 대한제국 광무光武 이년 서력西曆 일천 팔백 구십 팔년 팔월 십일은 곧 본사 신문이 처음으로 나는 날이라. 이날은 본사에서 특별히 경축하는 날인즉 몇 해를 내려가면서 특별히 기념해야 할 날인데 다만 본사의 목적은 아무쪼록 흥왕하여 나라 안에 유익한 사업을 일으키려 하는 것이니 이 신문이 흥왕하고 나라가 개명되어 한 가지 사업을 이룬 후엔 오늘 낸 여러 가지 기사의 글조각들을 모아두었다가 몇 해 후에 꺼내놓고 보면 국민의 자세한 역사가 어언간 몇 권 될 것이다. 그때 상고해보면 그동안 변혁된 일도 많을 것이며 새로 진보한 사적도 적지 않으리라. 오늘 우리가 보고 기록한 사실을 몇십 년 몇백 년 후에도 이를 다시 소상하게 보고 앉아서 신기하게 여길 일들도 있을 것이며 웃을 만한 일들도 많을 터이니, 후일에 보면 어찌 그렇지 않으리오. …… 본 신문의 주장인즉 첫째 우리나라 법도와 풍속을 날마다 고쳐 몇 해 안에 나라가 태서 문명제국과 동등하게 되어 남의 수치를 받지 않게 되기를 바라노니, 이같이 만들어놓은 후에는 광무 이년 팔월 십일일부터 기록한 문자를 가지고 오늘날 행하는 풍속과 사적을 흉보며 어리석게 여겨 태고적 사기史記처럼 봅시다.

이종일은 여러 차례 신문의 기능을 역사의 기록과 비교하면서 공정한 사실만을 보도해야 한다고 강조했다. 『제국신문』의 창간 초기에는 직원이 10여 명에 불과했다. 따라서 이종일은 그의 표현대로 경영자·사원·기자로서 1인 3역의 고된 일을 "적수공권赤手空拳으로 출정出征하는 장군의 심정"으로 감내해야 했다.

발행 부수는 창간 당시 2,000부였는데, 주로 서울 시내에 배부하고 일부는 지방에 발송했다. 이후 독자가 증가하여 3,000부 또는 3,500부를 발행하기도 했다. 그러나 점차 사세社勢 위축과 재정난 때문에 다시 2,000부로 축소 발행했다. 한때 『제국신문』과 『매일신문』이 관계자가 중복되고, 한글판으로 발간되는 등 유사하여 일반인이 혼란을 겪자, 『매일신문』은 1898년 8월 12일(제91호)부터 8월 23일(제100호)까지 7차례의 광고를 게재하여 두 신문이 관련이 없음을 밝히기도 했다.

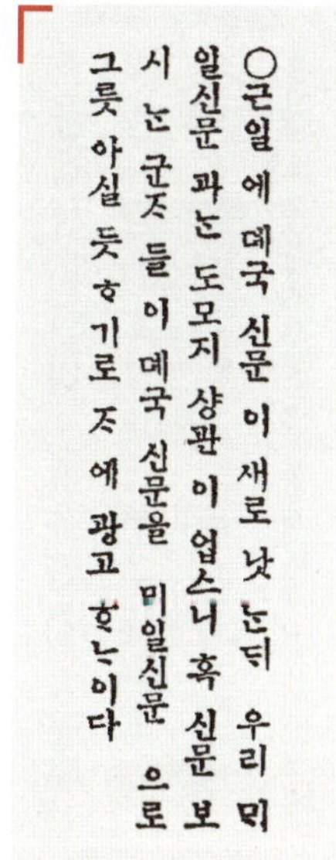
○근일에 데국 신문 이 새로 낫는ᄃᆡ 우리 ᄆᆡ
일신문 과는 도모지 샹관 이 업스니 혹 신문 보
시는 군ᄌᆞ 들이 데국 신문을 미일신문 으로
그릇 아실 듯ᄒᆞ기로 ᄌᆞ에 광고 ᄒᆞᄂᆞ이다

『매일신문』이 『제국신문』과 관련이 없음을 밝히는 광고(『매일신문』 1898년 8월 12일자)

『제국신문』은 창간 후 모두 13차례나 휴간 또는 정간되었다. 그 까닭은 신문사의 화재나 사고 등도 원인이었으나, 검열 등 일제의 탄압과 함께 재정난이 주된 원인이었다. 예컨대 1899년 12월 19일에는 신문사에 화재가 나서 인쇄기계와 집기류를 모두 태우는 사건이 발생하여 8일 동안 신문을 발행하지 못하다가 12월 27일자를 겨우 발행할 수 있었다. 특히 당시의 상황에서 부녀자를 대상으로, 이른바 '언문', '부엌글' 등으로 불리며 천시되던 한글로, 그것도 순한글판으로 신문을 발간하는 일은

帝國新聞社員被囚
帝國新聞社에셔漢城新報에死刑實
況에對한句語를直譯謄載한事로因
하야三昨日警務廳에셔該社社長李
鍾一氏와記載人金祥演張寅根氏等
를捉囚하얏다가金祥演張寅根兩氏
난再昨日에放送하고李鍾一氏난尙
今拘留하얏다더라

◎帝社停刊 帝國新聞社에셔社長
은被囚되고記載人은辭免한故로不
得已하야該社新聞刊布를幾日間停
止하얏더라

◎帝國新聞停刊 帝國新聞社에셔
經費가窘絀ᄒᆞ야昨日븟터停刊ᄒᆞ얏
는ᄃᆡ其維持方針의計畫이成立ᄒᆞᆷ을
待ᄒᆞ야更刊ᄒᆞᆯ터이더라

論說

歎帝國新聞停刊

◎帝國新聞이因本月七日論說에有關係日本軍略上句語라하야自駐京軍司令部로派送憲兵하야直行停刊하고閉鎖其印刷機械하난已記本報어니와大抵現今日俄戰事方張之際에韓國이實係日本作戰地帶要衝之点하니韓國人心之向背와地方之安危가大有關係於戰事故로日軍司令部ㅣ十分注意於此하야警備不怠난吾人之已諒燕者也라吾儕愛親鄰之義者ㅣ每對其國際關政策하야隨事論詰은自是吾儕之義務也어니와至於軍事行動하야난果有兵法之所忌諱者故로未嘗有秋毫觸犯하야俾有障害於其間은亦吾儕各報館之一般注意者也러니不意帝國新聞에遺此監禁하니是난吾儕之俱不幸也ㅣ라盖其論說中句語가果不無觸犯忌諱者ㅣ로되如原其情則帝國記者ㅣ豈眞出於妨害軍事之意見하야故做此抵觸之議論耶아不過因暫時疎忽之失하야遽來停鎖之地하니慨嗟曷勝이리오盖帝國新聞은以國文之故로市井商賈와閭巷婦女와及人民之不識漢字者ㅣ莫不愛讀하야邇來數年은外方人民도購覽頗多하고市廛之間에尤爲盛行하야每過街路市井之邊則毋論靑年白叟하고手持一張紙하고高聲朗讀者난皆帝國新聞也라以其文字之易知故로下等社會之感發興起가捷速如是하니吾儕ㅣ每以此로卜新聞之有力於開明而謂帝國新聞之不可無於我國者러니一自停閉之後로行過市廛之間에寥寥不聞新聞之聲이已一週有餘하니吾儕난因此有感於帝國報之停鎖하야略述數語者난論非特爲其同情之感而已라實爲我國民智之關係에因此日遲一日을竊爲慨惜焉하노니嗚乎咄哉로다

雜報

◎各陳意見 再昨夜에政府參政以下各大官에終夜로奔御前하셔意見을各其上奏하얏다더라

◎長谷陛見 昨日下午三時半에日公使가長谷川大將과落合參謀長을帶同陛見하난ᄃᆡ外部大臣과禮式院長과參謀府將官이入參하얏더라

◎原口離發 駐京司令官原口兼濟氏가參謀本府武官을移任함은已報하얏거니와昨日上午十時漢城에셔發行歸國하난ᄃᆡ其餞送하난韓日兩國文武各官及兵弁이南門外停車場에絡繹하난ᄃᆡ禮砲를連放하더라

◎外顧處所 外部顧問官居接處所를新建築하기로日人과契約하고建築費八千四百十三元을支撥하다더라

◎漢判跳遞 漢城判尹李鳳來氏가昨日에跳遞하얏난ᄃᆡ榮陽郡守를敍任ᄒᆞ얏다더라

◎懲納拿勘 再昨日度支部大臣이奏ᄒᆞ되正供懲納한咸悅郡守洪承翰昌은令法部로照律懲辦함이奉旨依奏하얏고其餘各郡未納은無論年條之久近하고摘拔其數爻稍多하야亦令一幷拿勘하야刻期淸帳ᄒᆞ라

『제국신문』 정간에 대한 보도 기사
(상단 왼쪽부터 『황성신문』 1901년 5월 2일자; 1904년 3월 25일자; 1904년 10월 17일자)

보통의 용기와 신념이 없이는 불가능했으며 처음부터 어려움이 예견된 길이었다.

이종일은 창간 이후 10년 동안 사장으로서 『제국신문』 간행을 주도했다. 그러나 『제국신문』과 이종일에게 가장 큰 문제가 된 것은 재정난이었다. 그가 한때 최강崔岡에게 사장의 자리를 물려준 일이나, 10년 만에 사장직을 내놓은 것도 결국은 재정난 때문이었다. 재정난의 주원인은 신문 구독자 수가 적었다는 것과 광고 유치의 어려움 때문이었다. 따라서 『제국신문』은 수차에 걸쳐 공식적으로 사회 유시들에게 의연금義捐金을 받았다. 예를 들면 휴간 중 창신사彰信寺에서 복간을 위한 기부금을 받았으며, 각 부인단체에서 복간을 위해 모금운동을 전개하기도 했다. 또한 1908년 8월 18일에는 김가진金嘉鎭을 비롯한 박은식·유근柳瑾·김윤오金允五·유동열柳東說·정영택·김창제 등이 『제국신문』 찬성회贊成會를 발기하여 『제국신문』을 적극 후원하기도 했다. 김광제는 「가정과 신문」이라는 연설로 『제국신문』 찬성회를 적극 지원하기도 했다.

그렇지만 당시 『제국신문』에 대한 부정적 인식도 없지 않았다. 『제국신문』은 암雌신문이라고 불렸는데, 이는 국한문 혼용체로 지식인들을 독자층으로 발행되던 『황성신문』을 숫雄신문이라 대비한 것으로 당시의 인식을 대변해준다. 그러나 이종일은 봉건적 유생들의 공격과 성토에 개의치 않았다. 그는 『제국신문』이 독립협회 여성회원들의 기관지임을 스스로 자임했고, 그에 대한 사명감과 자부심이 대단했다. 또한 그는 항간에서 『제국신문』과 비교의 대상이 되었던 『황성신문』과는 전혀 경쟁할 생각이 없다고 밝혔다. 이종일은 오히려 『황성신문』을 지원했다. 황

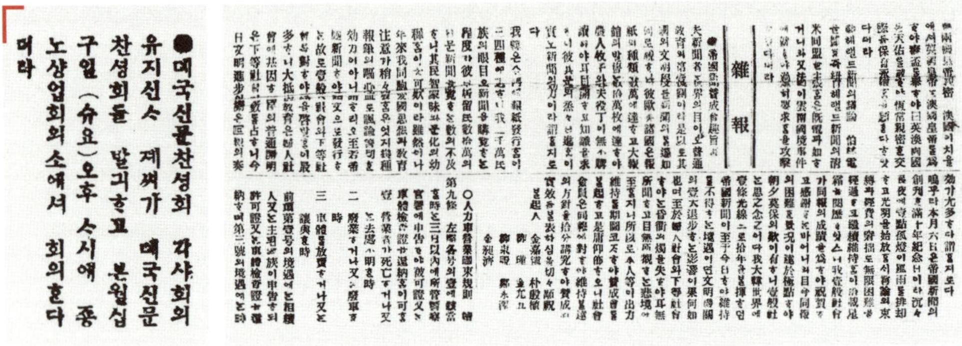
●뎨국신문찬성회 각샤회의 유지신ᄉᆞ 제씨가 뎨국신문 찬성회를 발긔ᄒᆞ고 본월십구일(슈요)오후 ᄉᆞ시에 종노샹업회의소에셔 회의ᄒᆞᆫ다 더라

『제국신문』 찬성회 관련 기사와 취지서(『대한매일신보』 1908년 8월 18일자; 1908년 8월 20일자)

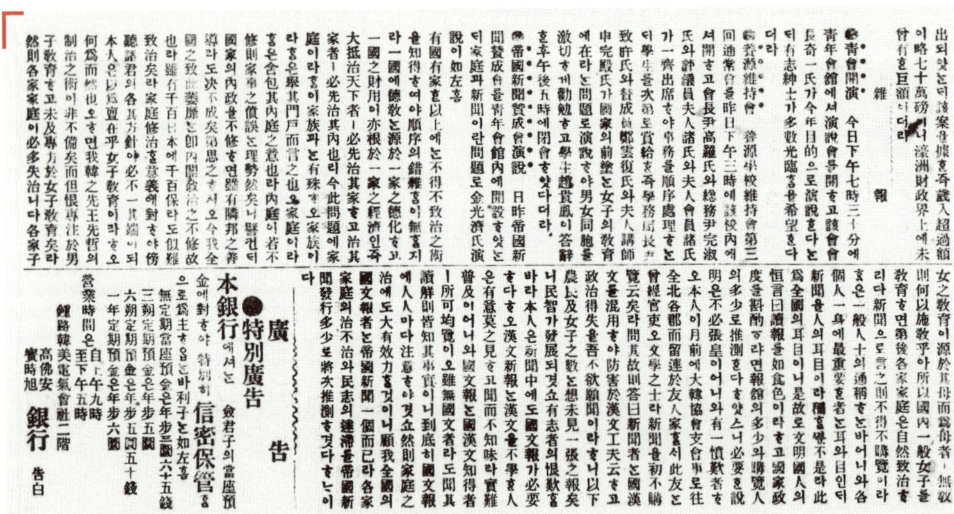

『제국신문』 찬성회 연설문(『황성신문』 1908년 10월 1일자)

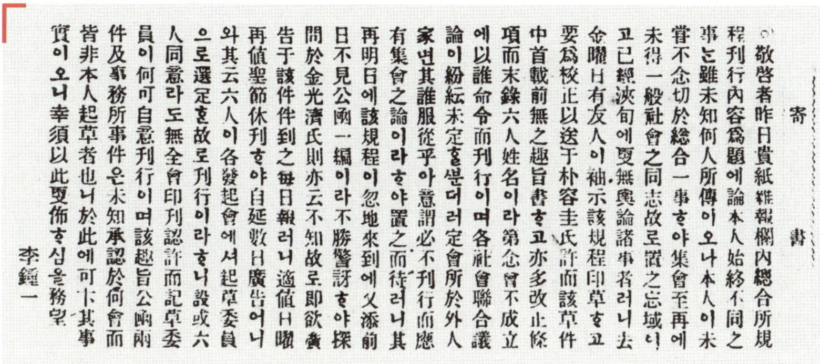

寄書

○敬啓者昨日貴紙雜報欄內總合所規
程刊行內容爲題에論本人始終不同之
事ᄂᆞᆫ雖未知何人所傳이오나本人이未
嘗不念切於總合一事ᄒᆞ야集會至再에
未得一般社會之同志故로置之忘域이
고已經浹旬에更無輿論諸事者러니去
金曜日有友人이袖示該規程印草ᄒᆞ고
要爲校正以送于朴容圭氏許而該草件
中首載前無之趣旨書ᄒᆞ고亦多改正條
項而末錄六人姓名이라第念曾不成立
에以誰命令而刊行이며各社會聯合議
論이紛紜未定ᄒᆞᆯ뿐더러定會所於外人
家ᄒᆞ면其誰服從乎아意謂必不刊行而應
有集會之論이라ᄒᆞ야置之而待러니其
再明日에該規程이忽地來到에又添前
日不見公函一編이라不勝驚訝ᄒᆞ야探
問於金光濟氏則亦云不知故로即欲責
告于該件件到之每日報러니適値日曜
再値聖節休刊ᄒᆞ야自延數日廣告어니
와其云六人이各發起會에서起草委員
으로選定ᄒᆞᆫ故로刊行이라ᄒᆞ니設或六
人同意라도無全會印刊認許而記草委
員이何可自意刊行이며該趣旨公函兩
件及事務所事件은未知承認於何會而
皆非本人起草者也니於此에可卞其事
實이오니幸須以此更佈ᄒᆞ심을務望

李鍾一

「이종일 기서」(『황성신문』 1907년 4월 10일자)

성신문사의 임시 사옥이 송축기념비頌祝記念碑를 세울 자리로 결정되어 철거될 예정이며, 경비가 없어 새로운 사옥을 구하지 못하고 일시 휴간했다가 재정 형편이 좋아지면 재간할 것이라는 『황성신문』의 기사를 접한 이종일은 『제국신문』 논설을 통하여 뜻있는 사람들에게 걱정만 할 것이 아니라 실질적으로 자금을 찬조하여 황성신문사를 지원해줄 것을 호소하기도 했다.

『제국신문』 사장으로 재임하며 이종일은 여러 차례에 걸쳐 신체 구금을 당하는 고초를 겪었다. 『제국신문』은 네 차례에 걸쳐 강제 정간조치를 당하기도 했다. 예컨대 대표적인 정간 사건은 고종 황제의 탄신절을 기념하여 만수무강을 기원하는 기사 중 '만세'가 '망세'로 오식誤植되어 구금된 일이었다. 이 외에도 1904년 3월 22일에는 「사형실황死刑實況」이라는 기사 관계로 기재원記載員 김상연金祥演·장인근張寅根 등과 더불어 3일 동안 경무청警務廳에 구금되었다. 이 기간 동안 신문도 발행되지 못

皇城新聞

漢城新報

朝鮮新報

『황성신문』·『한성신보』·『조선신보』

했다.

이종일은 봉건적 구습에 젖어 학정을 일삼는 관료의 부정과 비행, 무능을 날카롭게 질타했다. 이에 봉건적 관료들은 관청으로 배달되는 『제국신문』의 구독을 지방 경비가 부족하다거나 다른 신문을 구독한다는 이유로 거절하는 등 음으로 양으로 탄압을 가했다. 당시 『제국신문』 구독을 거절하는 관청이 10여 개소나 되었다. 이에 대해 이종일은 『제국신문』 발행의 의의를 강조하고, 관찰사와 군수들의 낡은 사고방식을 질타하며 그들이 나라와 백성을 위하는 정치로써 개화와 국권 회복을 위해 분발할 것을 촉구했다.

1899년 4월부터 우편료가 올라 지방으로 우송하는 일이 어려워지자 다른 신문사와 회의를 열고 우편요금을 종전대로 환원해줄 것을 농상공부農商工部에 요청했다. 이종일은 여기서 그치지 않고 논설을 통해 정부의 우편요금 인상이 열악한 신문사의 재정 형편을 악용하여 신문의 우송을 방해하려 한 것이라며 그들의 속셈을 지적했다.

이종일은 이 시기에 국내에서 일본인이 발행하던 『한성신보漢城新報』·『조선신보朝鮮新報』 등과 논쟁을 벌였다. 이는 단순히 경쟁 신문과의 논쟁이 아니라 국권을 수호하기 위한 언론 투쟁이었다. 이종일은 『황성신문』이 폐간 위기에 직면하자 그에 대해 다음과 같은 말을 남겼다.

> …… 약한 나라가 강한 나라로부터 권리를 찾는 힘은 군사력에 있지 않고 민론民論에 있다고 할 수 있다. 신문이 없으면 외국과 동등하게 맞서서 이론적으로 시비를 가릴 무기가 없게 된다. 타국 신문은 무단히 우리를 비방하고 논란해도 우리나라에선 말 한마디 게재할 지면이 없으니 국권을 어떻게 지키고 빼앗긴 권리를 회복하겠는가. 이런 때에 황성신문마저 폐간된다면 국권 사수가 더욱 어려울 것이니 깊이 생각해보아야 한다.

즉 신문을 외국 권력과 언론의 횡포에서 벗어나 국권을 사수하는 수단으로서 인식한 것이다. 때문에 이종일은 왜곡을 일삼고 심지어 고종까지도 무례하게 함부로 거론하는 '놀랍고 괘씸'한 『한성신보』와 『조선신보』 등 일본인이 발행하는 신문과 일전을 불사했다. 이종일은 수차에 걸쳐 『제국신문』의 논조에 대해 시비를 건 『한성신보』에 그 부당성을 지적하며 대응했다. 그러나 『한성신보』가 계속 악의적으로 '무례한 욕설과 비방', '당치않은 욕설과 시비'를 일삼았다. 이에 이종일은 일제의 침략

萬歲報

大韓協會會報
第四號

『만세보』(좌)와 『대한협회회보』(우)

적 의도를 정확히 간파하는 강경하고 준엄한 논설로써 일본 기자의 '무지함'과 '교만함', '침략의 음흉한 흉계'를 꼬집으며 반박했다.

이종일은 『조선신보』가 2차에 걸쳐 「제국신문의 곡론曲論」이라는 제목으로 장황하게 『제국신문』을 비난하자, 이에 대한 반박문을 논설로 게재하기도 했다. 『조선신보』는 인천에서 일본인이 발행하는 신문으로 우리의 내정에 대해 부당한 간섭을 하며 심지어 우리 황제까지도 무례하게 거론하며 "조선인의 성정性情이 식인종 같으며 문명국의 사람들이 보면 치를 떨 야만 행위"라 운운하면서 일제의 침략을 옹호하려는 『조선신보』의 의도를 경계하는 논설로서 반박한 것이다.

이러한 일본 신문과의 논쟁은 단순한 언론사 간의 특정 사안에 대한 논지論旨 싸움이 아니라, 그 자신이 밝힌 대로 국권 사수를 위한 언론투쟁으로 평가되어야 할 것이다. 이종일은 개화를 통한 근대국가 수립을 위하여 『제국신문』을 수단으로 국민 계몽에 진력했다. 또한 전술한 바와 같이 국문을 중시했을 뿐만 아니라 법률의 공정한 시행과 풍속 개량을 국가 발전의 요체로 보았고, 여성 문제에 관심을 기울였다.

이와 함께 일제의 침략이 본격화되자 국권을 지키기 위해 노력했으며, 사회적 공기公器로서 정치권력의 부패와 정부의 실정을 날카롭게 질타하는 감시자로서, 사실의 공정한 보도자로서의 언론 활동을 수행했다. 이 밖에도 이종일은 1906년에는 『만세보萬歲報』 창간에 관여했으며, 1908년에는 대한협회大韓協會를 조직하는 데 주도적으로 참여하고 『대한협회회보大韓協會會報』의 발행인 겸 편집인을 역임하며 활발한 활동을 전개했다.

여성해방론으로 여성인권운동을 전개하다

이종일은 여성해방론의 선구자였다. 이종일이 관심을 가졌던 도학은 남녀차별 철폐를 주장했는데, 그 사상이 그에게 많은 영향을 주었다. 이종일의 여성해방론은 19세기 말 20세기 초 우리 민족의 과제인 자주독립을 이룩하고 수호하기 위하여 민력을 증진시켜야 한다는 당면 목표와 연관되어 형성되었다. 여성의 개화는 이종일이 학교의 설립, 신문의 창간과 함께 이른바 개화의 3대 과제로 제기한 것이다.

이종일의 여성해방론은 남녀평등론에서 출발했다. 이종일은 서양학자의 남녀비교론을 소개한 바 있다. 비록 체격이 차이가 나고 격치格治·학문學問·기예技藝 등에서는 남성이 앞서는 것은 사실이나, 이는 그간 학문과 기술을 남자가 주도해왔기 때문이라고 했다. 오히려 창의력·구변口辯·윤리·도덕 면에서는 여성이 더 우수하다는 것이다. 또한 여성은 고통스럽고 어려운 일을 잘 참고 곤궁함을 견디며 절개를 지키고 사욕을 누르며 몸을 아끼지 않고 자녀교육에 힘쓰며 가사를 돌보는 일에 헌신하고, 영리하고 이해력이 빠르다고 했다. 결국 남녀 간 외형적인 차이는 인정한다 하더라도 부분적으로는 여성이 우월한 부분도 많기 때문에 남성 우위의 구습을 빨리 버려야 한다고 주장한 것이다.

이종일의 여성해방론 모든 여성을 대상으로 한 것은 아니었다. 이종일은 남의 첩妾이 된 여자와 천기賤技에 대해서는 동등권을 주어서는 안 된다고 하는 제한적 여성해방론을 주장했다. 그 이유는 첩과 천기들은 하늘이 내린 천부적 동등권을 스스로 지키지 못했기 때문이었다. 그러니 그에 대한 죄책감을 일깨워주어야 하며, 만약 이들이 여학교나 부인회에 참여했을 때 사부가士夫家의 부인들이 참여를 거부하거나 그들의 그릇된 행동거지를 배울 우려가 있다는 점에서 제한해야 한다고 보았다. 그렇다고 첩과 천기를 해방의 대상에서 영원히 제외한 것은 아니었다. 이들이 스스로 부끄럽게 여기고 행실을 고치면 즉시 동등권을 주어야 한다고 했다.

이종일의 제한적 여성해방론은 봉건적 구습을 혁파하기 위한 조건부 제한이라 할 수 있다. 따라서 이종일의 여성해방론은 전 여성을 대상으로 했다고 볼 수 있는 것이다. 이는 이종일이 해방에 노력하고 있는 대상이 '외면外面에 노출된 여성군女性群', 즉 기첩妓妾·창기唱妓·가희歌姬·서출녀庶出女 등이라고 지적한 데서도 알 수 있다. 특히 이종일은 궁내부의 제도 개편 당시 궁녀들을 해방시켜 이들이 학교에 다녀 공부도 하고 혼인도하며 인간답게 살게 해야 한다고 역설했다. 당시는 남존여비사상이 엄존하는 상황이었다. 더욱이 여성을 남성의 부속물로 인식했다. 그러한 당시의 상황에 대해 이종일은 다음과 같이 지적했다.

> 대한의 인구를 대략 2,000만으로 추산할 때 남녀별로 구분하면 여자는 2,000만 명의 10분의 8~9가량이 될 것이다. 여성 중에는 농민의 집 여성이 반수가량 될 것이며 관인과 선비와 상민집 여자가 각각 그의 10분의 1씩 될 것이다. 그러나 농민의 집 여인들은 거의 모두가 곡식 찧기와 길쌈하기, 또는 그 남편의 농사수응 들기에 겨를이 없다. 그 남편은 낫 놓고 'ㄱ'자도 모르는 형편이다.
>
> 관인과 선비와 상민의 부자집 여성들은 분성적粉成赤(분화장)이나 하고 깊은 규방에 들어앉아 조석으로 아무 일도 하지 않고 있다. 가난한 집 여자도 또한 바느질이나 하며 겨우 연명하되 그 부형과 남편 된 사람들의 말이 여자들은 아무것도 모르니 옷이나 꿰매고 밥이나 짓되 덕이 있으면 쓸만하고 아는 것이 많으면 쓸모없다고 하며 고담古談책조차 읽지 못하게 했다. 그러므로 여자들이 글을 안다는 것은 1,000명에 1명도 안 되고 편지를 서로 주고받을 만큼 글자를 아는 이도 1,000명에 1명꼴도 못됐다. 더욱이 서책을 많이 읽어 능통한 이는 전국에 1명도 없다. 이는 대한민국이 남자는 귀하게 여기고 여자는 천하게 여겨서 여자를 노리개로 보기 때문이다. 여자도 또한 자기의 권리를 잃어버려 스스로 남편의 하수가 되어 수응만 들고 학문을 하려는 뜻은 전혀 없다.

즉 여성은 많지만 남성우월주의에 빠져 여성을 천대하고 있으며, 여성이 단순한 농사의 보조수단이나 화장이나 하고 규방에 들어앉아 있는 비생산적 대상이라는 봉건적 인식이 여전하다고 비판했다. 또한 여성은 스스로 권리를 잃어버린 것을 당연히 받아들이고 학문 할 생각을 하지 않고 있다고 했다.

따라서 이종일은 이렇게 여성교육이 이루어지지 못한 현실이 우리의 국력을 미약하게 만든 원인이라고 지적했다. 이종일은 당시 시무時務를 안다는 선비들이 우리의 국력이 약하게 된 것을 남자들의 실학 공부 부족으로만 인식하고 있는 것을 비판하며, 우리가 가난하게 된 것은 여성들이 공부를 하지 않고 놀고먹기만 한 결과라고 진단했다. 나아가 동양 사회가 서양사회보다 국세가 미약하고 진흥하지 못한 이유도 결국은 여성교육을 소홀히 하여 여성이 무식하기 때문이라고 보았다. 따라서 동양의 보전을 위해서는 여성교육에 힘써야 한다고 강조했다.

이종일은 수차 미국·영국·독일 등 서양과 중국·일본의 경우를 예로 들며, 우리나라의 여성들도 해방되고 교육을 받아 사회에 참여해야 한다고 역설했다. 특히 중국에 와서 활동하는 서양 여성들의 구체적인 활동상을 소상히 소개하며 우리 여성들의 교육과 사회 참여를 촉구했다. 병원을 설치하여 가난한 사람들에게 의료봉사를 하고, 흉년에는 의연금을 모아 구호하고 직접 봉사하며, 학교를 설립하여 신학문을 가르치거나 외국에서 유학할 수 있도록 재정을 지원하고, 중국 여인들의 봉건적 상징이라 할 수 있는 전족을 폐지해야 한다고 했다. 또한 이종일은 비망록에 '중국에서 전족제를 폐지했다'는 소식을 듣고 이를 당연한 일이라고 기록한 바 있다.

이종일은 여성을 국가 발전의 잠재적 자본, 유용한 자원이라 하며 국가 발전을 위해서라도 여성의 해방과 계몽이 이루어져야 한다고 강조했다. 비망록에 기록된 내용에 따르면, 박은식이 찾아와 국력을 배양할 수 있는 구체적인 방법을 물었을 때, 이종일은 "먼저 신문을 창간하고 다음에는 학교를 세울 것이며, 또 여성층은 계몽해야 한다"고 강조한 바 있다. 이러한 인식은 이종일의 여성해방론에도 그대로 적용된다. 그러한 이유로 『제국신문』을 창간하며 하층민과 특히 여성들을 주 독자층으로 선정했던 것이다.

이종일은 창간 이전부터 한글 전용과 여성 계몽지로서의 원칙을 강조해왔다. 이종일의 한글에 대한 강한 애정도 결국은 대상 독자를 하층민과 여성으로 한 것과 관련된다. 이는 그가 여성 학교를 국문학교國文學校로 설립할 것을 강조한 지점과도 연결된다. 즉 이종일은 여성교육과 한글교육을 일치시켜 생각한 것이었다. 한글이 쉽기 때문에 교육을 받은 적이 없는 여성이 쉽게 익혀 실생활에 유익하게 활용할 수 있다고 믿었기 때문이었다. 또한 그렇게 한 다음에 성경현전聖經賢傳을 번역하여 가르쳐야 한다고 주장했다.

이종일의 여성해방론은 다른 개화 인사들보다도 적극적이며 구체적인 것이라 평가될 수 있다. 이종일의 여성해방론에 가장 중요한 전제가 되었던 것은 '교육'이었다. 이종일은 여성을 교육시키지 않으며 "여자가 학문을 배우게 되면 팔자가 기박하다", "가장을 업신여긴다", "음란하기 쉽다"라 여기는 당시 사회적 통념을 지적했다. 이어 여성교육의 필요성을 자녀 교육의 주체인 어머니로서의 육아법을 배우고 소양을 기르기 위한 것, 사회 활동을 위한 지식을 체득하기 위한 것이라고 했다. 이종일은 여성을 "국민의 어머니, 사회의 꽃, 민족의 태양"이라고 하는 서양의 말을 인용하며 자녀를 교육하는 주체로서의 어머니를 교육하는 것을 국가정책 중에서도 으뜸으로 꼽아야 한다고 강조했다. 이어 어머니와 자녀 교육의 관계를 나무에 비유해 설명하면서 여성교육을 우선하는 국가정책을 세우지 않고 문명의 기초를 닦으려는 착상은 매우 잘못된 것이라고 지적했다. 또한 "여자교육은 세상에서 가장 중요시해야 할 일의 하나"라고 강조하기도 했다.

또 한편으로는 당시의 현실에서 여성교육상 주의할 점에 대하여도 지적했다. 여성교육을 위해 학교를 세우고, 단지 옛 성리학 전통이나 삼종지도 내지 칠거지악七去之惡만을 가르치면 의미가 없다고 했다. 이종일은 여성교육이 올바로 되기 위해서는 우선 교육을 담당할 사람들에게 높은 지식과 문견, 그리고 다른 나라의 개명한 학문을 가르칠 능력이 있어야 한다고 강조했다. 따라서 국내뿐만 아니라 외국 신학문에도 정통한 교사들을 많이 초빙하여 선진 교육을 과감히 시행해야 한다고 했다. 또한 학교의 교무행정도 신교육을 받은 사람들이 담당하도록 배려해야 한다고 했다. 제도적으로도 교육이념과 교칙을 제대로 정립해야 한다고 역설했다. 여성교육을 시행하는 데 있어서 철저한 사전 준비가 필요하다는 점을 강조한 것이었다.

이종일은 이러한 준비를 완료한 후, 여성들에게 신학문과 신여성으로서의 행동규범과 새 시대의 국가관과 민족정신을 가르쳐야만 학교 설립의 목적이 이루어질 뿐만 아니라 나라의 개명과 흥왕에도 크게 기여하게 될 것이라고 했다.

한편 이종일은 당시에 여성들이 부인회婦人會나 여자교육회女子教育會를 조직하여 활동하는 것을 긍정적으로 평가했다. 그리고 이 단체들의 이념과 목적이 올바로 정립되어야 한다고 하면서, 다만 구성원의 무지함을 우려했다. 이와 더불어 여성교육과 여성단체의 활동에 남자 지식인층이 적극적으로 참여하고 지원해야 한다고 강조했다. 이처럼 이종일은 여성교육과 여성단체 모임의 장래를 걱정하는 지식인들이 조직한 부인학회의 활동에 큰 기대를 걸고 실제적인 여성해방 내지 여성평등을 이루어내기 위해 노력했다. 1899년 독립협회 여성회원단체인 양성원 설립에 윤치호·장지연 등과 함께 참여했으며, 부인학회 및 여성단체에서 강연을 하기도 했다. 당시 부인학회는 별도로 부인회 찬조회를 만들어 부인회의 사무를 감독하고 매 일요일마다 3시간씩 교양강좌를 개설했는데, 그 강좌가 큰 호응을 얻기도 했다.

그럼에도 이종일의 여성해방론은 개화기의 다른 인사들과 마찬가지로 남성중심적인 여성관을 보여주고 있다는 한계를 보이고 있다. 여성의 권리는 남성과 동등하게 받은 천부적인 권리라는 것을 주장했지만, 여성의 해방과 교육 및 사회 참여의 필요성을 강조하는 바탕에는 여성이 장기간 예상되는 국권 회복을 이룩할 주인공이 될 남성의 어머니이기 때문에 시급하다는 인식이 깔려있다. 그렇기 때문에 이 시기의 여성개화사상은 국권 회복의 관점에서 크게 벗어나지 않는다는 시대적인 한계성을 지니고 있다.

그러나 이종일처럼 철저하고 구체적인 여성해방론을 부르짖고, 실천적으로 노력한 인사가 많지 않았다는 사실에 유념해야 할 것이다. 당시에는 여성의 사회 참여에 대한 부정적 인식이 팽배해 있었기 때문에 여성해방론을 주장한다는 것 자체가 사회 통념상 수용되기 쉽지 않았다. 이러한 시기에 여성해방론을 주장한 일 자체가 선구적인 업적이라 할 것이다.

또한 이종일의 여성해방론이 국권 회복과 연계된 것이기 때문에 시대적인 한계를 지니고 있다는 지적도 부분적으로는 타당할지 모른다. 그러나 이 견해는 이종일이 누차 제도와 정신 면에 걸쳐 주장한 봉건적 구습 타파라는 근대 지향성을 간과한 견해다. 따라서 이를 시대적 한계로만 지적할 것이 아니라, 오히려 거시적으로 시대적 정황과 상황 논리를 감안하여 이종일의 사상을 이해하는 것이 타당하다.

이종일은 여성을 단순히 국권 회복의 수단으로 인식한 것이 아니라, 여성을 국가의 자원으로, 또한 여성의 인격을 존중하여 여성해방과 여성계몽을 "인간의 탐구로 신사관新史觀을 제시하는 것"이라고 했다. 또한 이종일은 독립협회의 활동에 많은 여성 회원들이 참여하고 있고, 특히 만민공동회에 다수의 여성 회원들이 참여한 사실을 특기할 만한 일이라고 하며, 이러한 현상은 나라를 위하고 임금에 충성하는 좋은 예라고 평가했다. 따라서 이종일의 여성해방론은 오늘날의 관점에서 볼 때 비록 완전하지 못한 부분이 있다 하더라도, 여성을 국권 회복의 수단이 아니라 남성과 동등한 주체적 존재로 인식했음을 알 수 있다.

이종일은 3·1운동 때 수많은 여학생이 만세시위에 동참한 사실을 알고는 이를 자신이 『제국신문』을 창간하여 여성들의 개화운동에 주력한 결과, 여성의 민족사상에 영향을 끼친 결과라고 자평하기도 했다.

동학사상에 호감을 갖고 천도교에 입교하다

이종일은 종교에 대해서도 관심이 많았다. 일반적으로 종교라는 것은 어느 교를 막론하고 그 종지가 국민을 감화시킴으로써 악행을 버리고 선행을 하도록 인간의 마음을 계도하는 데 목적을 두고 있다. 이종일은 이러한 종교를 정치나 법률보다도 중요하다고 인식했다. 즉 정치와 법률은 죄를 지은 후 다스리는 것이지만, 종교는 죄를 짓지 않도록 하는 감화가 있다고 보았기 때문이다.

당시 국내에는 기존의 유교와 불교뿐만 아니라 천주교와 기독교 등 서구의 근대문명을 전래하는 종교도 있었지만, 이종일은 민족종교인 동학에 관심을 두었다. 때문에 천도교의 최고 책임자인 손병희孫秉熙와 교류하면서 교리에 대해서도 많은 논의를 하기도 했다.

이종일은 1906년 홍산鴻山 최학래崔鶴來의 권유로 천도교에 입교한 것으로 알려지고 있다. 그러나 이종일이 실제 천도교에 입교한 것은 그보다 훨씬 이전인 동학 시기로 추정된다. 이종일의 비망록 1898년 10월 2일자에 의하면 이종일과 평생 동지인 장효조에 대해 "그도 나와 같은 시기에 동학에 들어갔고 바로 교리 연구에 골몰했다"라고 언급했다. 이를 볼 때 이종일은 늦어도 1898년, 그 이전에 동학에 입교했음을 알 수 있다. 이종일은 『제국신문』 창간을 전후해 이미 동학에 상당한 조예를 갖고 있었다. 이종일의 비망록에는 동학에 관한 관심이 여실히 드러난다. 이종일은 동학은 변질된 유교와 불교, 천도교의 낡은 교리를 배척하고 기존 종교의 원리를 더욱 심오하게 연구·발선시킨 것이라고 인식했다. 이종일은 동학의 광제창생廣濟蒼生와 보국안민輔國安民사상에 깊이 공감하며 동학이 우리나라의 나아갈 길을 인도하나, 이를 정부 당국자가 이해하지 못하는 현실을 안타까워했다.

이종일은 동학을 어떻게 이해했을까? 이종일은 동학사상을 우리나라 민중들이 나아갈 길을 인도하는 이념으로 여겼으며, 최제우의 사상은 곧 널리 민중을 구제하고 나라를 돕고 민중을 편안케 하는 것이라고 믿었다. 이에 따라 이종일은 동학을 "민중의 종교요, 또 내국의 여러 가지 일들을 개혁하려 하는 것으로 갑오동학운동이 바로 이것이다"라고 했다. 또한 "동학은 우리나라 고유의 종교 이념인 까닭으로 유교나 도교, 불교보다도 나은 것으로 민족종교의 기축基軸"이라 했다. 또한 동학농민혁명을 나라를 위하고 민중을 사랑하는 충정의 발로라 하며, '위국애민충정爲國愛民衷情, 위국적군행爲國的群行'이라 평가했다.

이종일이 동학에 호감을 가지고 있다가 적극 참여한 것은 동학사상이 실학의 이념을 계승했다고 인식하고, 이를 개화사상과 같은 사상체계라고 인식한 이종일의 독특한 사상적 맥락 때문이라 여겨진다. 이종일은 실학과 동학사상이 모두 내실을 닦아 자강과 개혁을 주장한 것이기 때문에 동격이라고 보았다.

이처럼 실학을 동학의 원류로 인식하는 한편, 다시 동학을 개화사상과 같은 맥락으로 인식했다. 또한 이를 토대로 독립사상을 형성한 것이었다. 결국 이종일은 실학사상－동학사상－개화사상－독립사상으로 연계되는 사상체계를 지니고 있었고, 개화의 궁극적 달성을 위해 동학에 참여한 것으로 이해된다. 3·1운동 직전까지도 동학정신을 실천하는 것이야말로 우리 민족이 나아갈 길이라고 역설한 논리는 매우 주목된다. 이종일은 입교 전부터 동학은 개화사상의 저력으로서 여성의 사회 참여와 관련하여 『제국신문』의 사시社是와 같은 것으로 인식했다. 또한 동학 농민혁명의 성격을 반봉건反封建으로 규정했다.

이종일이 동학에 대해 관심을 보인 또 하나의 이유는 동학이 민중생활의 이익을 증진시키기 위하여 의식구조를 개조하려 했으며, 민권과 민중의 혁명성을 지니고 있다고 평가했기 때문이다. 따라서 이종일은 동학의 제세구민사상濟世救民思想을 독립협회의 민권수호운동과 같은 것으로 파악했고, 자신이 동학을 흠모했기 때문에 독립협회의 민권수호운동에 동의한 것이라고 밝히기도 했다.

이종일은 1898년 초부터 손병희와 왕래하며 시국에 대해 환담했다. 이때 손병희는 수차 그에게 동학에 입교할 것을 권유했고 이종일은 입교를 약속했다. 이종일이 손병희를 처음 만난 사실은 1898년 1월 31일자 이종일의 비망록에서 확인할 수 있다. 당시 이종일은 손병희를 찾아가 1894년의 동학농민혁명과 현 시국에 대해 환담했는데, 이때 손병희에 대한 인상을 "그분의 풍모는 안광眼光이 태양 같으며 동안童顔으로 평온한 기상이다"라고 기록했다.

민족대표 손병희(『매일신보』 1919년 3월 7일자)

이후 이종일은 손병희와 여러 차례 만나 시국에 대해 대화를 나누었는데, 이 과정에서 이종일은 손병희의 용모와 인품, 우국충정과 지도력 등에 대하여 깊은 인상을 받았다. 또한 손병희도 이종일의 우국충정과 개혁의지 등을 높이 평가하여 동학에 입교시키기 위해 노력했다. 훗날 이종일은 자신이 동학에 입교하게 된 것도 손병희의 권유 때문이라고 밝혔다.

이종일은 동학에 입교는 하지 않았지만, 손병희를 '동지'라고 호칭하고 있었다. 또한 이미 1898년경에 자신은 동학에 가입하지는 않았지만 동학의 교리를 깊이 이해하고 있다고 했다. 이종일이 동학의 후신인 천도교에 정식으로 입교한 것은 1906년이지만 훨씬 이전부터 사실상 동학교도라 할 수 있었다. 다만 입교하기 전까지는 동학을 종교로서 완전히 받아들이지 않고 객관적 입장에서 나라를 구하고 민중을 널리 구제하는 동학의 이념적 동조자였다.

입교한 이후 이종일은 동학의 교리를 더욱 깊이 연구했으며, 1910년에는 『천도교회월보天道教會月報』 과장과 보성사 사장으로서 천도교단 내

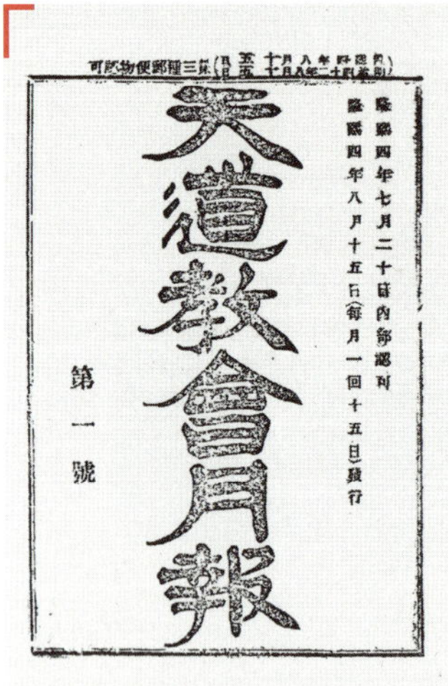

『천도교회월보』 표지

에서 중추적 역할을 수행했다. 천도교의 역사를 정리한 『본교역사本教歷史』와 『동경대전東經大全』 번역은 이종일의 대표적 업적이다.

이종일은 1910년 8월 15일 『천도교회월보』 과장에 취임하며 천도교인으로서 본격적인 활동을 개시했다. 이종일은 『천도교회월보』 제10호(1911. 5)부터 제88호(1917. 11)까지 7년 동안 매호 빠짐없이 천도교에 관한 글을 연재했다. 이 중 『천도교회월보』 제11호부터 제41호까지 3년여에 걸쳐 한글로 천도교의 역사를 정리한 『본교역사』와 『동경대전』을 번역했다. 원래 『본교역사』는 국한문혼용으로 오상준吳尙俊이 집필했는데, 이종일이 여성 교인과 한자를 익히지 못한 교인을 위해 한글로 번역한 것이다. 이종일이 번역한 『본교역사』는 다음과 같이 3편으로 구성되었다.

제1편 수운대신사　　제2편 해월신사　　제3편 교종성사

제1편 수운대신사는 천도교 창도주인 수운 최제우의 일생을, 제2편 해월신사는 천도교 2세 교조인 해월 최시형의 일생을 다루었다. 그리고 제3편 교종성사는 당시 천도교 최고 책임자인 의암 손병희의 일생을 다룬 것이다. 다만 제3편은 1회(5면)로 그쳤다. 이는 오상준의 국한문혼용

의 『본교역사』가 더 이상 집필되지 않았기 때문이었지만, 무엇보다도 살아있는 손병희의 역사를 서술하기가 어려웠기 때문이라고 짐작된다.

이종일에게 천도교의 역사를 한글로 번역하는 일은 매우 어렵고 큰 용단이 필요한 일이었다. 천도교의 역사를 '역술' 즉 한글로 번역했다고 했지만, 모본인 오상훈의 『본교역사』를 단순히 번역한 것은 아니었다. 더구나 같은 『천도교회월보』에 같은 제목으로 게재된 오상준의 『본교역사』와도 다르다. 두 『본교역사』를 비교해보면 내용도 다를 뿐 아니라, 이종일의 저술이 더 짜임새 있게 정리되어 있음을 알 수 있다. 이종일이 천도교에 관한 충분한 이해를 바탕으로 많은 자료를 종합 정리하여 한글로 번역했기 때문이다.

천도교의 중요한 경전이라 할 수 있는 『동경대전』의 번역 또한 이종일의 천도교 교리 정리 업적과 관련되어 주목된다. 『동경대전』은 최제우가 손수 저술한 것으로 천도교의 교리를 담고 있다. 때문에 『동경대전』을 번역한다는 것은 이종일이 천도교 교리에 대해 해박한 이해를 하고 있다는 전제가 필요하다.

『동경대전』의 번역문은 『천도교회월보』 제30호부터 제39호에 걸쳐 게재되었다. 그 내용은 다음과 같다.

대신사 지으신 글 / 포덕문 / 논학문 / 수덕문

불연기연(그렇지 않고 그런 것) / 주문 / 강시

좌잠 / 탄도유심급 / 팔절 / 후팔절

이 밖에도 이종일은 천도교의 교리로서 중요한 위치에 있던 「대종발원설大宗發源設」을 『천도교회월보』 제11호에, 「삼수요지三壽要旨」를 제41호에 한글로 번역하여 수록했다. 그뿐만 아니라 『천도교회월보』에 「언문부」라는 란을 만들어 교리의 한글화에도 많은 지면을 할애했다. 이종일이 한글로 발표한 글은 「한마음이면 만사 성취」, 「종교의 효력과 한울의 감음」, 「종교의 진본 뜻 해석」, 「수심전기와 솔성수교의 해석」, 「사람을 한울로 대접한 후에야 포덕천하할 일」 등 다수가 있다.

이처럼 이종일이 천도교의 교리나 경전을 번역한 것은 중요한 의미를 갖는다.

첫째는 천도교 교리를 일반인이 접하기 쉬운 한글로 번역·정리함으로서 천도교를 일반에 포교하는 데 크게 기여했다는 점이다. 예를 들면 '천天'을 '한울님'이라는 한글 표현으로 구체화함으로써 한자 지식이 부족한 일반인들이 천도교의 실체를 이해할 수 있는 기반을 마련했다.

둘째는 이종일의 한글 보급에 대한 의지를 다시 한 번 확인할 수 있다는 점이다. 이는 이종일이 그토록 강조했던 한글 사랑을 실천하는 방법이기도 하다. 천도교 경전 번역 작업을 시작하면서 『천도교회월보』에 한글 전용으로 구성된 「언문부」를 편성한 것도 그와 관련이 있었다. 이종일이 순한글로 『천도교회월보』에 처음으로 글을 게재한 것은 제11호(1911년 6월 15일 발행)인데, 「언문부」는 바로 다음 호인 제12호부터 편성되었다. 「언문부」는 순한글로 집필한 내용들이 게재되었는데, 여기에는 이종일이 번역한 『본교역사』와 『동경대전』이 연재된 것을 비롯하여 다른 필자들의 글도 순한글로 게재되었다.

셋째는 이종일이 수행한 일련의 경전 연구와 교리의 해석이다. 이는 이종일의 동학사상에 대한 이해가 완성되어감을 방증한다. 즉 『천도교회월보』를 7년간 책임 맡아 매호에 천도교에 관한 글을 개재하면서 자신의 동학사상을 완성해갔고, 그로써 천도교 이론가가 될 수 있었다.

천도구국단의 비밀결사를 조직하다

이종일은 1910년 일제강점 직후 순절한 애국지사들을 추모하며 자신도 나라를 잃은 죄인으로서 자결하지 못한 사실을 안타까워하며, 한동안 장효근 등 동지들과 함께 울분을 토로하며 술로 세월을 보냈다. 그렇지만 이종일은 일제가 『대한매일신보大韓每日申報』를 빼앗아 조선총독부의 기관지 『매일신보』로 삼고, 자신이 경영하던 『제국신문』과 『황성신문』을 폐간하는 등 언론을 탄압하고, 집회를 금지하고 토지약탈 작업에 착수하는 등 강압적 식민통치가 전개되는 것을 보고 "기왕에 죽을 목숨이라면 살아서 나라를 찾는 일에 신명을 바칠 것", "죽는 것도 좋으나 살아서 죽을 때까지 침략자와 투쟁하다가 산화하는 것이 보다 보람 있는 것"이라고 결심하고, 독립투쟁의 결의를 다지게 되었다. 일제의 식민통치는 이종일로 하여금 오히려 조국의 독립을 이룰 수 있다는 강한 신념을 갖도록 했다.

1910년 8월 29일 일제강점 직후 친일단체였던 일진회를 비롯하여 모든 사회단체들이 해산을 당했고, 그나마 활동이 가능했던 것은 종교단체였다. 이러한 점을 활용하여 천도교는 일제강점 직후부터 민족운동에 적극 참여했다. 일제가 나라를 강제로 빼앗자 이종일은 우선 자신이 참여하고 있는 『천도교회월보』사 직원들과 함께 강제합병을 성토하고 그 부당성을 알리는 성명서를 서울 주재 각국 영사관에 비밀리에 발송했다.

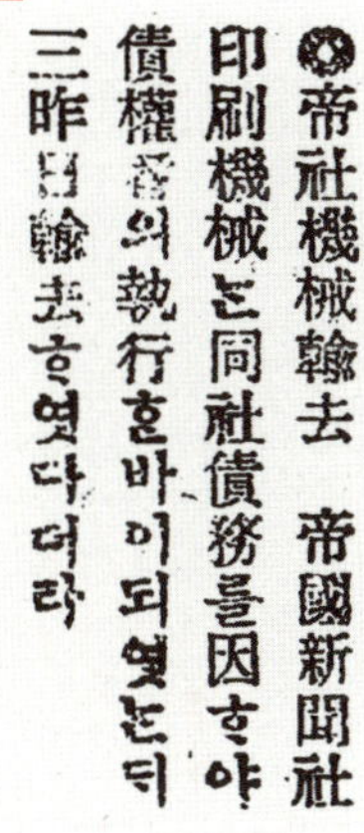
◎帝社機械輸去 帝國新聞社
印刷機械ᄂᆞᆫ同社債務를因ᄒᆞ야
債權者의執行ᄒᆞᆫ바이되엿ᄂᆞᆫᄃᆡ
三昨日輸去ᄒᆞ엿다더라

제국신문사 폐사 기사
(『매일신보』 1910년 9월 8일자)

그러나 성명서 사건이 이내 알려지게 되어 일제강점 3일 후인 1910년 9월 1일 북부경찰서에 피체되었다. 이로 인해 천도교회월보사 발행인 김완규 등 직원 일부가 강제로 그만둘 수밖에 없었다. 그 후 이종일은 보성사를 운영하게 되었으며, 후일 3·1운동 독립선언서를 인쇄하는 책임을 맡게 된다. 그리고 이 사건 이후 천도교는 비밀결사를 조직하여 민족운동을 전개했다.

이때부터 이종일은 천도교를 통해 보다 적극적으로 민족주의에 대해 깊은 관심을 가지게 되었고, 민족이 처한 현실적 모순을 해결하기 위해 노력했다. 이종일은 미국의 프랭클린 루스벨트Franklin Roosevelt 대통령이 캔자스주에서 주장한 '뉴내셔널리즘New Nationalism'이 우리의 현실에 맞을 것이라며 홍병기·이종린·박명선·장효근 등에게 "민족주의는 그 나라의 전통을 훼손치 않게 보존하려는 정치적 충성심의 발로"라고 말하며 죽음을 각오하고 투쟁할 것을 강조했다.

이종일은 일제의 식민통치하에서는 종교인이 선봉이 되어 동학농민혁명을 계승한 대중봉기를 일으켜야 한다고 믿었다. 이는 일제에 의해 모든 조직과 단체가 해체되고 그나마 종교조직만이 남아있는 현실을 감안한 방법이었다. 또한 구국운동이 신앙적 차원에서 전개되어야 한다는 종교적 양심의 표현이었다. 이종일은 무엇보다도 민족운동은 종교조직 중에서도 천도교가 중심이 되어야 한다고 생각했다. 그리고 이를 바탕으로 기독교 및 불교와 연합할 것을 계획했다. 이미 1910년경부터 기독교 및 불교와의 연합을 구상한 것이다. 이러한 구상은 3·1운동 때 종교계가 연합하여 민족연합전선을 구축하게 된 배경으로 이해할 수 있다.

이종일은 수시로 손병희 등 천도교 동지들과 함께 민족운동 방략을 협의했다. 이종일은 민족운동은 천도교 중앙본부가 지원하고 보성사 사원이 주축이 되어야 하나, 전 민족적으로 궐기하기 위해서는 기독교와 연합하여 경기도 근처의 농민, 서해안 일대의 어민, 서울과 중소도시의 노동자와 상인을 차례로 동원해야 성공할 수 있을 것으로 인식했다. 이에 따라 이종일은 우선 일제의 경제수탈에 큰 불만을 가지고 있던 농어민을 민중운동에 앞세울 계획으로 이종훈·임예환에게 일제의 침략으로 당한 농어민의 피해 상황을 조사하도록 했다. 10여 일간의 조사 끝에 경기도 지방 농민의 실태 조사를 맡은 이종훈은 8할의 농민에게 배일사상이 농후하기 때문에 이들을 동원하여 시위운동을 일으키면 효과적일 것이라는 조사 결과를 알려왔다. 이어 서해안 일대 어민의 실태를 조사한 임예환은 6할 이상의 어민이 일제에 적대감정을 가지고 있다고 보고 했다.

이종일은 이러한 정모를 손병희·권동진·오세창·최린 등 천도교 간부들과 논의하는 한편, 자신이 조직하여 활동하고 있던 대한제국민력회 회원들과 자주 만나 독립운동의 방법을 논의했다. 그 결과 이종일은 손병희의 후원 하에 보성사 사원과 민력회 회원 60여 명을 중심으로 '범국민신생활운동汎國民新生活運動'을 전개했다. 이 운동은 이른바 신생활이라는 비정치성 국민집회國民集會를 표방했지만 실은 독립운동의 일환으로 추진되었다. 이종일은 1912년 7월 15일을 거사일로 정하고 직접 국민집회의 「취지문」·「건의문」·「행동강령」을 기초하여 김홍규에게 정리하도록 했다. 그러나 이는 사전에 일제에 발각되어 실패로 돌아갔고, 그 때문에 이종일은 종로경찰서에 연행되어 취조를 받았다.

이종일은 범국민신생활운동이 결코 정치적 모임이 아니며 생활을 개선하기 위한 것이라고 항변했으나, 일제는 구속하겠다고 으름장을 놓았다. 결국 손병희가 직접 나서서 사태를 수습하여 구속자는 한 명도 없었으나, 이종일은 목표를 달성하지 못한 것을 못내 아쉬워했다.

신생활운동은 무산되었지만 이종일은 이에 좌절하지 않고 어떠한 고난과 방해가 있더라도 극복하고 민족운동을 진전시켜야 한다는 신념을 다시금 굳혔다. 다시 손병희와 독립운동 방법론을 상의하던 이종일은 당시 중국에서 종교인 등이 합심하여 중국혁명동맹회中國革命同盟會를 개편하고 군소 정당을 모아 국민당國民黨을 결성한 데 자극을 받아 정치적 모임의 비밀결사를 만들 것을 제의했다.

1910년대 천도교중앙총부

이에 대해 손병희는 동학농민혁명이 일본에 참패하여 실패한 경험을 들며 비폭력 무저항 방법론을 제시했다. 이종일도 이에 동의하고 먼저 지식인을 상대로 민족문화 수호를 위한 전통유지운동에 착수해보겠다는 의사를 밝혔다. 손병희의 동의를 얻은 이종일은 천도교로부터 자금을 받아 김홍규 등 보성사 직원들과 세부 계획을 세우는 일에 착수했다.

평소 기독교와 불교 등 종교단체와 연합을 모색했던 이종일은 이번에는 중앙포교당으로 한용운·백용성·이능화 등 불교계 인사를 찾아가 천도교와 함께 민족문화 수호와 유지를 위한 범국민운동을 전개할 것을 협의했다. 그러나 한용운은 민생안전이 더 우선적이라 하여 이종일의 제의를 거절했다. 불교계의 반응이 신통치 않자 이종일은 천도교 단독으로 지식인을 포섭하여 '민족문화의 수호와 전통유지운동'을 전개하기로 했다.

이리하여 1912년 10월 비밀결사로 민족문화수호운동본부民族文化守護運動本部를 조직했다. 이종일은 손병희를 민족문화수호운동본부의 총재로 추대하고, 자신은 회장에 취임했다. 민족문화수호운동본부의 주요 구성원은 김홍규·권동진·오세창·이종훈·장효근·신영구·임예환·박준승 등이었으며, 본부는 보성사에 두었다. 회원은 100여 명에 이르렀다. 민족문화수호운동본부 조직 구성은 다음과 같다.

총　재: 손병희　　회　장: 이종일
부회장: 김홍규　　제1분과위원장: 권동진
제2분과위원장: 오세창　　제3분과위원장: 이종훈

이종일은 이전의 신생활운동이 일제의 방해로 실패한 것을 거울삼아 이번에는 천도교도를 중심으로 한 비밀결사 성격으로 추진해나갔다. 이종일은 민족문화수호운동본부를 서간도에 독립운동기지 건설을 위해 조직된 부민단扶民團처럼 장차 큰 민족운동으로 발전시킬 계획이었다.

민중운동을 준비하는 과정에서 독립의군부 호남순무대장 임병찬이 아들 임응철을 보내 천도교와 독립 방략을 협의할 것을 제의해왔으나, 이종일은 민족문화수호운동본부의 비밀을 보장하기 위해 민족문화수호운동본부의 실체를 말하지 않고 추후 협의하자며 돌려보내기도 했다.

후에 독립의군부가 전국 규모로 확대 발전되었지만 전창식이 피체되며 와해되자, 오히려 그들과 적극적으로 제휴하지 않았던 것이 다행스러운 결과로 나타났다. 또한 이종일은 이동녕 등의 권유로 『신민보新民報』에 가담하여 활동한 적이 있었는데, 1913년 4월 9일 신민회 사건의 공판 때 증인으로 소환당하자 민족문화수호운동본부가 발각된 줄 알고 가슴을 쓸어내린 일도 있었다.

1913년 4월 5일, 이종일은 천일기념일天日記念日을 계기로 지방에서 올라온 신도들에게 민족문화수호운동본부 계획을 설명하고 지방조직을 위해 각 구區별로 인적구성을 의뢰했다. 천도교의 조직을 통하여 민중시위운동을 계획했기 때문이다.

자료의 부족으로 민족문화수호운동본부의 구체적 활동상은 잘 알 수 없다. 그러나 이종일은 수차 강연회를 개최하여 회원들에게 독립사상을 고취시켰다. 1913년 5월 7일 이종일은 보성사에서 많은 천도교인을 모아놓고 「영생불후설永生不朽設로 면제교우勉諸敎友」라는 주제로 강연을 실시했다. 이는 이종일이 『천도교회월보』 제10호(1911. 5)에 게재했던 내용인데, 이종일은 이 강연회에서 "사람이 살면서 세상에 이름을 남기기 위해서는 큰 사업을 하여야 하는데, 문명 세기 무대 위에 이르러 무슨 사업이든지 영생의 문에 들어가는 것과 같음을 생각할 때 만사는 반드시 성취된다"는 의미 있는 말을 했다. 이는 이종일이 밝힌 바와 같이 천도교인들에게 민족운동과 독립사상에 대한 확신감을 심어주기 위함이었다.

이듬해 4월 29일에도 보성사에서 민족문화수호운동본부가 주관이

되어 천도교인과 보성사원들을 모아놓고 강연회를 개최했다. 이날의 강사는 이종훈이었는데, 민족문화 수호의 의의에 대하여 연설하는 도중, 종로경찰서에서 파견한 한국인 형사가 강연을 제지하고 이종훈을 연행해갔다. 결국 다시는 그러한 집회를 열지 않겠다는 서약서를 쓴 뒤에야 방면되었다.

민족문화수호운동본부의 활동과 관련하여 가장 주목되는 것은 무장투쟁 계획이었다. 이종일은 일제 헌병·경찰의 통치에서 벗어나는 길은 무장투쟁밖에 없다고 생각했다. 그러나 동학농민혁명 실패 경험이 있는 손병희가 무장투쟁을 반대하자, 이종일은 이를 안타깝게 생각하며 동지들과 함께 군자금을 모아 무기를 구입하거나, 일본 헌병·경찰의 무기를 절취하여 은닉해두는 방법을 강구했다.

이종일은 3·1운동 직전까지도 무장투쟁론을 주장하며 이를 실행하기 위해 노력했다. 1916년 4월경까지 군자금 600원을 모금했고, 일본식 장총 10여 정과 실탄 200여 발을 구입해 보성사의 비밀창고에 숨겨두었다. 이러한 활동은 이종일의 무장투쟁에 대한 의지를 잘 보여준다. 이종일은 군자금을 자신들의 활동자금으로 사용했을 뿐만 아니라 독립의군부에 비밀리에 100원을 전달하는 등 다른 독립운동단체를 지원하는 데도 사용했다.

이 같은 독립투쟁 계획을 추진함에 있어 이종일은 세계정세의 변화를 예의 주시했다. 1914년 7월 28일 오스트리아가 세르비아에 선전포고를 함으로써 제1차 세계대전이 개시되고, 일본이 독일에 선전포고를 하자 일제의 패망을 기대하며 더 한층 독립투쟁에 박차를 가했다. 그리고 이를 실현하기 위해 1914년 8월 독립운동의 중추적 역할을 수행할 비밀결사로서 천도구국단天道救國團을 조직했다.

천도구국단의 본부 역시 보성사에 두었으며, 손병희를 명예총재로 추대했다. 그리고 이종일 자신은 단장에 취임했다. 회원은 약 50여 명이었는데, 대부분 보성사 직원이었으며 민족문화수호운동본부 구성원과 중복되었다. 천도구국단 조직은 다음과 같다.

명예총재: 손병희　　　단　　장: 이종일
부 단 장: 김홍규　　　총　　무: 장효근
섭　　외: 신영구　　　행동대장: 박영신

천도구국단은 첫 사업으로서 당시 진행되고 있는 세계대전에서 일본의 승패 여부를 조사하는 정세분석을 시도했다. 이 업무는 독립운동의 조건과 상황을 검토하기 위한 것으로, 섭외부가 수행했다. 약 2개월여의 조사·분석 끝에 섭외부장 신영구는 일본이 패전할 것이라는 보고를 제시했다. 이 보고를 받은 손병희는 매우 기뻐하며 이종일에게 천도구국단이 독립국가를 건설하는 데 수임기구로서 모태가 될 수 있도록 제반 요건을 구비해둘 것을 지시했다. 이는 매우 주목해야 할 대목이다. 즉 천도구국단은 단순히 독립운동 비밀결사단체일 뿐만 아니라, 장차 독립 이후 국가 건설에 대비하는 수임기구로서의 준비로 진행한 것으로 풀이되기 때문이다. 또한 정당의 설립이 불가능했던 식민지 여건을 감안하면, 천도구국단이란 비밀결사를 중심으로 그 기능을 대신하고자

한 의도로도 해석된다. 이러한 사실은 이들의 독립에 대한 확신감을 방증한다.

1915년 7월경 천도구국단은 시국선언문을 발표할 계획이었지만 사전에 발각되어 뜻을 이루지 못했다. 이종일도 이 사건에 연루되어 4번이나 소환당했는데, 결국은 손병희가 일제 당국자들과 만나 다시는 그러한 일을 하지 않겠다는 서약서를 쓰고서야 일이 무마되었다.

이 사건으로 보성사 사원들의 사기가 크게 저하되었으나, 이종일은 사원들을 독려하며 항전 결의를 다졌다. 이종일이 주도한 민족문화수호운동본부와 천도구국단 등 비밀결사는 천도교인을 중심으로 한 다중적 조직으로서 3·1운동 직전까지 활동한 3·1운동의 모태라고 평가할 수 있을 것이다.

이종일은 천도구국단을 조직했던 1914년 이른바 삼갑운동三甲運動을 제창했다. 삼갑운동이란 1914년 간지干支상으로 갑인년甲寅年이었기 때문에, 이해를 맞이하여 1894년의 동학농민혁명과 1904년의 갑진개화운동甲辰開化運動을 계승하고 재현할 민중운동을 전개하자는 주장이었다. 즉 동학교인들의 1894년의 반봉건·반외세운동인 동학농민혁명과 진보회를 포함, 흑의단발의 1904년의 갑진개화운동 정신을 계승하여 다시 천도교도를 중심으로 한 대규모의 민중운동을 일으켜야 한다는 것이었다.

삼갑운동의 하나였던 동학농민혁명은 1894년 1월에 봉건적 수취체제의 모순에 대항한 고부기포에서 시작되었다. 이후 전봉준은 무장에서 손화중·김개남과 함께 4,000여 명의 동학농민군을 조직하고 탐관오리의 숙청과 보국안민을 위해 일어서자는 내용의 창의문을 발표했다. 호남일대를 석권한 농학농민군은 전주성을 점령하고 집강소를 설치하여 민정民政을 실시했다. 그러나 1894년 6월 일본군이 경복궁을 점령하고 개화파의 연립정권을 수립시키자 동학농민군은 삼례와 청산에서 재기포했다. 호남과 호서지역 동학농민군은 일본군의 우세한 화력을 견디지 못한 채 패퇴하고 말았다.

1904년 러일전쟁이 발발하자 당시 일본에 망명해 있던 손병희가 국내의 교인들에게 진보회進步會 조직을 지시했고, 이를 통해 흑의단발로써 근대문명을 상징하는 개혁운동을 했는데, 그것이 바로 갑진개화운동이며, 이종일은 이를 '갑진개화신생활운동'이라고 했다. 진보회는 손병희의 지시에 따라 급속도로 발전해 전국에 390여 개의 지회 조직을 갖추고 30여 만 명의 교인들이 단발을 실시하고 검은 옷을 착용하는 등 혁신적인 개혁운동을 전개했다. 삼갑운동이라 명명한 배경에 대해 이종일은 다음과 같이 밝혔다.

> 금년은 마침 갑인년인데 우리의 당초 민중운동을 갑오동학운동과 갑진개화신생활운동의 재현을 목표로 삼았기 때문에 나는 이해의 민중운동봉기를 '삼갑운동'이라고 명명하고 싶다. 갑오와 갑진의 양차兩次운동이 경악할 정도로 크게 열기를 뿜었기 때문에 이해 갑인민중운동도 전통적인 입장에서 볼 때 그만큼 성공률이 높지 않을까 하는 전망이다. 더욱이 금년에는 세계전쟁이 폭발되었기 때문에 어느 때보다 비상한 관심을 끌게 되는 것이다.

이종일은 일제에 강점당한 직후부터 동학농민혁명을 계승한 민중운동을 주장해왔다. 1911년 1월 16일 손병희를 만나 나눈 대화 내용에서 그 의지를 확인할 수 있다.

> 아침에 성사를 찾아뵙고 "갑오동학운동과 갑진개화신생활운동의 정신을 오늘에 되살려 우리 천도교가 선도가 되어 또 다시 거족적인 민주주의 민중시위운동을 일으켜서 일본의 불법적 침략을 타도하고 우리도 당당히 완전 독립국가로서의 면모를 갖추어야 할 것"이라고 건의하였다. …… 이에 관해 손 성사는 묵묵히 깊은 상념에 빠져있는 듯 얼른 대답을 하지 않았다. 나는 다시 만날 것을 기약하고 헤어졌다.

이종일은 1월 31일에도 다시 손병희를 만나 "민중을 이끌고 독립시위운동의 선봉에 서줄 것을 권유하면서 왕년의 동학군 지휘의 열의와 능력을 발휘하는 것이 어떻느냐"고 진언했다. 이종일이 손병희에게 천도교가 민족운동의 선봉에 서야 한다고 인식한 것은 손병희에 대한 남다른 기대가 있었기 때문이다. 이종일이 천도교를 통해 전개한 민족운동은 비정치성을 표방한 신생활운동이었다. 1912년 6월, 이종일이 주도하여 추진한 이른바 범국민신생활운동은 일제강점 이후 진행된 구체적인 민족운동의 발로였다. 이는 생활개선 등을 명목으로 비정치성을 표방한 것이나, 실은 조국의 독립을 쟁취하기 위한 민중운동의 일환이었던 것이다. 1914년의 갑인년이 지났다고 하여 이종일의 삼갑운동 주장이 그친 것은 아니었다. 갑오년 동학농민혁명과 갑진년 문명개화운동을 계승하자는 이종일의 주장은 3·1운동이 전개될 때까지 계속되었다.

1915년에도 손병희에게 "과거 두 번의 경험을 토대로 하여 민중운동을 일으키면 일본도 상당히 충격을 받고 독립을 보장해주거나 물러갈 것"이라고 설득하며 독립운동을 일으킬 것을 요청했다. 그가 말한 '과거 두 번의 경험'이란 1894년의 동학운동과 1904년의 갑진신생활운동임은 두말할 나위도 없다. 또한 3·1운동 계획이 구체적으로 추진되던 1918년에도 이종일은 비장한 각오로 손병희에게 다음과 같이 진언했다.

> 나는 분명히 진언하기를 "갑오동학운동과 갑진개화신생활운동을 갑인년에 '삼갑운동'으로 재현하려 했지만 여의치 않았으나 금년을 거사의 장엄한 해로 잡아야 독립이 되든지 모두 죽든지 할 것이라"고 비장하게 이야기했다.

한편 3·1운동 전날인 2월 28일, 민족대표들은 손병희의 집에서 최종 회합하여 결의를 다졌다. 이종일은 비망록에 이때의 상황을 "내일의 운동은 동학운동의 재현임을 천도교인들은 결연히 다짐했다"고 기술했다. 또한 3·1운동으로 피체되어 경무총감부에서 일본인 검사의 심문을 받던 중 일본인 검사의 "금후에도 조선을 독립하려는 수단을 가지고 있는가?"라는 질문에 대해, "물론이다. 시기가 성숙되면 독립은 올 것이다. 나는 합방이 되면서부터 독립에 대한 새 생각을 가지고 있었다. 일이 여의치 못하므로 나는 동학운동에서 보여주었던 민중운동을 이 시기에 재현해야 하겠다고 마음먹고 있었다. 그러니까 이번의 만세운동은 그 같은 운동의 연속이며 독립구국운동의 구체적인 모습이기도 한 것이다"라고 하며 3·1운동이 동학농민혁명을 계승한 것임을 분명히 했다.

이종일이 추진한 모든 독립운동의 사상적 근원과 방법론은 동학농민혁명에서 비롯된 것임을 알 수 있다. 이는 동학농민혁명 때의 슬로건이었던 봉건적 요소의 척결이 이루어지지 못했을 뿐만 아니라 동학이 추구했던 반외세가 오히려 일제의 완전한 식민지로 전락하고 말았다는 시대적 공통점, 그리고 민중의 직접적인 봉기라는 방법론상의 공통점에서 그 의미를 찾을 수 있다. 즉 3·1운동은 갑오년 동학농민혁명의 연장선상에서 계획되고 전개된 것으로 이해할 수 있다.

민중운동으로 3·1운동을 기획하다

3·1운동은 일제의 강점과 식민지배에 항거하여 전 민족이 거족적으로 전개한 최대의 민족운동이었다. 3·1운동에는 한말 이래 전개해온 의병전쟁·애국계몽운동 등 다양한 민족운동과 일제의 폭압적 무단통치에 대항해온 1910년대 민족운동의 역량과 의지가 응집되어 있다. 또한 우리에게 유리하게 전개되던 국제정세의 변동을 기민하게 포착하여 이를 기회로 잡아, 주체적·능동적으로 활용한 선인들의 지혜가 3·1운동을 가능케 한 중요한 요인이 되었다고 평가된다.

3·1운동의 주체는 국내뿐만 아니라 중국 상하이·만주, 러시아 연해주, 일본 등지의 민족운동 세력까지 힘을 모아, 전 민족이 신분·직업·성별·종교·연령 모든 조건을 초월한 민족연합전선을 구축하여 평화적인 만세시위로서 전개되었다.

이러한 3·1운동의 초기 계획 단계에서 이종일은 매우 주목해야 할 인물이다. 앞에서 언급한 바와 같이 이종일은 일제강점 직후부터 민중운동을 추진했으나 상황이 여의치 않았다. 이 과정에서 1914년 제1차 세계대전이 발발하자 세계정세의 변화를 예의주시하며 기회를 포착하고자 했다. 제1차 세계대전이 끝나면서 중국과 러시아의 정세변동, 윌슨의 민족자결주의 제창, 일본의 쌀 파동 사건 등은 민중운동 추진에 고무적인 계기가 되었다.

이종일은 천도교인이자 동지로 활동한 오세창·권동진·장효근 등과 수시로 만나 세계정세에 대하여 의논하며, 이를 민중운동과 연계할 궁리를 했다. 이종일은 국내외에서 전개되던 한민족의 독립운동에 대해서도 주의를 기울였을 뿐만 아니라, 중국·일본·러시아·미국 등 세계 국가의 정세 변동을 민족운동의 기회로 활용하고자 했다. 비망록을 살펴보면, 국내외 정세 변화에 대한 예리한 통찰력, 그리고 이를 독립운동과 연결하고자 하는 이종일의 의지를 잘 알 수 있다.

최린

오세창

권동진

이종일은 1911년경까지 국내에서 전개된 의병들의 목숨을 건 항일투쟁, 독립의군부의 조직과 활동, 만주와 연해주 일원에서 결성된 독립운동단체의 활동상을 접하며 독립투쟁을 향한 결의를 다졌다. 또한 중국에서 1912년 국민당이 결성되고, 1915년 윈난도독雲南道督 탕지야오唐繼堯 등이 쿤밍昆明에서 제제帝制를 반대하고 윈난의 독립을 선포한 뒤 쓰촨四川·구이저우貴州·광둥廣東 등에 진격을 개시함으로써 제3혁명을 기록했다는 일본 『오사카마이니치신문大阪每日新聞』 기사를 보고, 우리의 독립에 대한 강한 자신과 희망에 부풀었다. 1917년 7월에는 돤치루이段祺瑞가 자금성을 공략하여 제2차 단내각段內閣을 성립시킨 데 이어 8월 1일에 펑궈장馮國璋이 대총통에 취임했다는 사실을 접하고는 우리도 보다 적극적으로 투쟁해야 한다고 생각했다. 더욱이 러시아에서 1917년 혁명이 성공했다는 외신을 보고는 우리도 일제에 의한 노동자 착취·압박이 심각하기 때문에 그러한 혁명의 가능성이 클 것으로 기대했다.

이종일은 특히 침략자인 일본의 정세 변동에 주의를 기울였다. 이종일은 일본이 세계대전에 참여하자 일본의 패전을 기대하며 추이를 주시했다. 1915년 말 도쿄 주식 폭등과 1918년의 이른바 쌀 소동을 유리한 기회로 활용하려 했다. 특히 이종일은 일본의 쌀 소동이 전국적으로 파급되어 그 수습에 정신이 없자 이때를 이용하여 거사를 실행하면 성공할 수 있을 것이라며 '무오독립시위운동戊午獨立示威運動'을 계획했다. 이 밖에도 식민지 상태에 있던 국가들의 독립운동이나 독립선언에도 큰 관심을 보였다. 예컨대 리투아니아와 에스토니아의 독립선언, 체코·유고슬라비아·폴란드의 자주선언을 예의주시하며 스스로의 분발을 촉구했다.

한편 이종일은 미국 윌슨 대통령이 제창한 민족자결주의에 대해서도 비상한 관심을 보였다. 1912년 11월 미국 대통령 선거에서 윌슨이 프랭클린 루스벨트Franklin Roosevelt와 윌리엄 태프트William Howard Taft를 물리치고 당선되자 이종일은 윌슨에게 독립을 기대했다. 1916년 말 비공식적으로 윌슨이 제창한 민족자결주의 소식이 전해지자 일본의 패망을 기원하며 독립의 유리한 기회로 활용하고자 한 것이다.

그럼에도 불구하고 이종일은 민족자결주의의 적용 범위와 본질에 대하여 그 한계를 명확히 인식하고 있었다. 이종일은 민족자결주의를 "패전국에 속한 약소국의 자국 영토 처리권"이라고 이해했고, 일본의 패전을 기대했지만 결국은 일본이 승리할 것으로 인식했다. 윌슨의 민족자결주의가 우리에게는 적용되지 않는다 해도 스스로의 힘으로 독립을 쟁취해야 한다고 믿었다. 심문 과정에서 이종일은 민족자결주의가 3·1운동의 발발에 미친 영향을 인정하긴 했으나, 우리 민족의 꾸준한 독립의지가 더욱 중요한 요인이 되었다고 말한 바 있다.

또한 이종일은 자신이 제창한 삼갑운동이 큰 성과를 거두지 못하자 1915년부터 민중봉기를 본격적으로 추진했다. 이종일은 우선 신중론을 견지하던 손병희를 설득하는 한편, 원로대신과 종교계 포섭을 위해 노력했다. 1915년 2월, 이른바 신민회사건으로 피체되었던 윤치호과 양기탁 등이 가석방되자 이종일은 이들을 만나 민중봉기에 동참할 것을 권유했다. 그러나 이들이 원칙적으로 찬성한다는 정도의 소극적 자세를 보였기에 큰 기대를 하기 어렵다고 판단했다. 1916년 2월에는 천도교 측 동지들과 함께 원로들을 포섭하기로 결의하고 각각 대상 인물을 분담했다. 이종일은 남정철을, 김홍규는 한규설을, 이종훈은 이상재를, 신영구는 윤용구를, 장효근은 김윤식을, 홍병기는 박영효를 방문하여 민중봉기의 선봉에 서줄 것을 요청했다.

그러나 이 계획 역시 이상재를 제외한 대부분의 인사들의 소극적 태도와 사양으로 별 성과를 거두지는 못했다. 이에 대하여 이종일은 원로들의 시국관時局觀에 대해 안타깝게 생각했다. 그럼에도 불구하고 민중운동을 계속 추진해나가겠다는 결의를 다졌다.

1917년 5월, 사태의 추이를 관망하던 손병희가 적극적으로 민중봉기 쪽으로 방향을 선회했다. 그간 손병희와 이종일은 민족운동의 방법론을 둘러싸고 견해의 차이를 보여왔었다. 손병희는 인명 희생을 우려해 독립청원을 주장했고 이에 대해 이종일은 그런 무기력한 방법보다는 죽음을 무릅쓰고서라도 직접 봉기해야 한다고 주장했다. 심지어 이종일은 만약에 손병희가 직접 봉기에 동의하지 않는다면 단독으로라도 봉기하겠다고까지 하며 손병희를 설득했다. 제1차 세계대전이 끝나고 국제정세가 급변하자 1918년 5월경 이종일의 주장대로 민중봉기를 위한 구체적인 계획안이 수립되고 '무오독립시위'의 3대 원칙이 정해졌다.

이종일은 기독교도와 계속해 연합을 추진하는 한편, 농어민·상인·노동자·학생층을 동원할 계획도 수립했다. 그러나 무오독립시위운동은 불발로 끝났다. 이종일은 그 원인으로 원로교섭의 지연, 자금 부족, 민중 동원 조건의 미성숙 등을 지적했다. 비록 이 거사는 실패했으나, 민중운동의 3대 원칙을 재확인하며 재기를 도모하는 기회로 삼았다.

우리는 이종일의 독립운동 방법론은 주목할 필요가 있다. 이종일은 처음에는 손병희의 주장에 따라 평화적·비폭력적 방법으로 시위하되, 상황에 불리할 시 무장항쟁을 통해 동학농민혁명 때의 치욕을 설욕해야 한다고 했다. 자신의 개화노선을 견지하면서도 방법론을 달리했던 의병 투쟁도 긍정적으로 평가했던 것과 같은 맥락의 주장으로 이는 '전방위적 독립운동론'이라고 할 수 있다. 때문에 이종일은 천도구국단을 조직하고 무장항쟁을 위해 군자금 10만 원, 무기 100정 확보를 목표로 군자금 모금과 무기 구입을 추진했다. 그가 천도교단 내에서 과격파로 지목된 것도 이러한 방법론을 견지했기 때문으로 보인다.

1918년 들어 민중봉기 계획은 더욱 구체화되었다. 초기 만세시위 계획은 종교계와 학생들이 각기 산발적으로 추진했다. 일제는 강점 직후 합병을 추진한 일진회를 포함한 모든 정치 결사에 대해 강제해산 명령을 내렸다. 민족운동의 주체적 집단을 사전에 제거하기 위한 조치였다. 따라서 3·1운동의 초기단계에서 그나마 조직을 유지하고 있던 종교계와 학생들이 추진한 것은 당시 식민 상황에서는 최선의 방책이었다.

천도교의 3·1운동 준비와는 별도로 기독교 측에서도 민족운동을 나름대로 기획하고 있었다. 기독교 측에서는 1919년 1월 말 2월 초순경에 상하이 신한청년당新韓青年黨의 선우혁이 국내로 들어와 이승훈·양전백 등 옛 신민회 동지들과 만나 독립운동 방략을 협의했다. 이에 따라 평양과 정주, 선천 일원의 교회와 기독교 계통 학교 학생들이 중심이 되어 독립선언과 만세시위운동을 추진했다. 또한 이와는 별도로 1919년 1월 하순 강기덕·김원벽 등 전문학교 대표들이 회합을 갖고 각 학교별로 대표를 선임하고 독립선언서의 기초 등 세부적인 계획을 수립해 추진했다.

이처럼 각기 추진되던 민족운동은 1919년 2월 7일경 천도교 측의 요구에 의해 이승훈이 상경하여 연합 문제를 협의함으로써 새로운 국면을 맞이한다. 비록 민족연합전선을 추진하는 과정에서 난관이 없지는 않았지만 조국독립 쟁취라는 대명제 아래에 천도교와 기독교는 1919년 2월 24일 교단과 종파와 이질성을 극복하고 연합전선을 형성하는 데 동의하고 구체적인 실행 계획도 수립했다. 이때 만세시위 거사일, 독립선언서와 각종 문서의 기초와 인쇄, 일본 정부와 귀족원·중의원에 보낼 통고문, 미국 대통령과 파리강화회의에 참가한 열국 대표에게 보낼 청원서 송부 방법, 독립선언서 배포 및 민족대표 선정, 불교계의 동참 등 3·1운동의 중요한 합의가 도출되었다. 이에 따라 동참 의사를 밝힌 한용운의 노력으로 불교계와의 연합도 성사되었다.

독자적으로 만세시위를 추진하던 학생들도 천도교와 기독교가 연합했으니 학생들도 동참하라는 박희도의 통지를 받았다. 이에 학생대표들은 1919년 2월 25일 회의를 열고 연합전선에 참가할 것을 결의했다. 이로써 천도교·기독교·불교·학생층이 참여하는 민족대연합전선이 구축되기에 이르렀다.

종교계의 연합전선 추진 과정에서 유림儒林계와도 시도했지만 결국 실패로 끝나고 말았다. 이는 만세시위 초기 준비 과정에서 유림들에게 동참을 권유할 충분한 시간적 여유가 없었고, 유림들의 특성상 자신들의 생각을 즉각 행동으로 표출하는 것이 어려웠던 점 등 때문이었다.

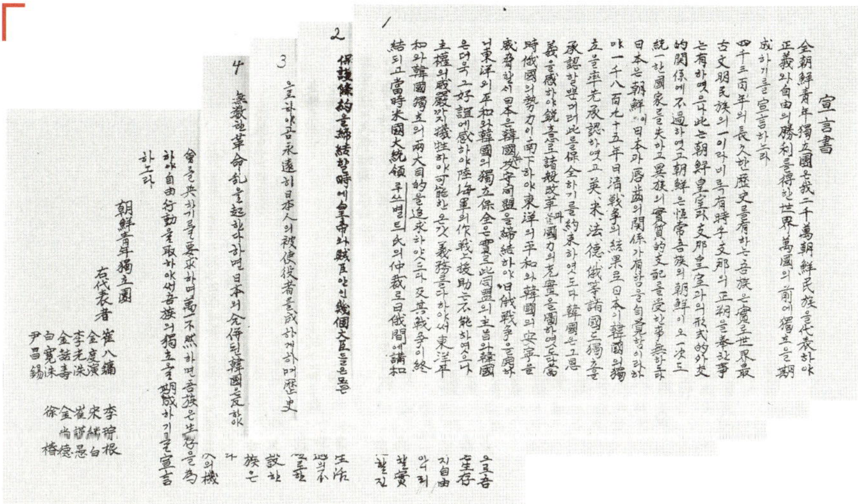

「2·8독립선언서」

이처럼 3·1운동이 태동하고 민족대연합전선의 구축을 가능케 한 결정적 기폭제가 된 것은 식민지 모국인 일본 도쿄 유학생들의 2·8독립선언이었다. 1918년 말 도쿄 유학생학우회의 망년회와 웅변대회에서 독립운동을 결의한 유학생들은 최팔용 등 10명의 실행위원을 선정하고 독립운동을 추진했다. 이들은 조선독립청년단을 조직하고 송계백을 국내로 파견했다. 모자에 「2·8독립선언서」를 숨겨 국내에 들어온 송계백은 현상윤과 최린 등을 찾아 도쿄의 상황을 전했다. 유학생의 독립선언 소식을 들은 손병희는 보다 적극적으로 3·1운동을 추진했다. 이와 더불어 국내의 독립운동 진영은 이에 자극을 받아 3·1독립운동을 본격화했다.

1919년 2월 8일, 일본의 심장부인 도쿄 조선기독교청년회관에서 200여 명의 조선 유학생들이 거행한 독립선언과 만세 함성은 일제의 간담을 서늘하게 만들었다. 나아가 이는 국내에서 3·1운동을 촉발케 한 선구적 역할을 했다고 평가할 수 있을 것이다.

독립선언서를 인쇄하고 민족대표로 서명하다

3·1운동은 긴박한 상황 속에서도 극비리에 독립선언과 만세시위 계획을 추진하며 진행되었다. 독립선언서는 천도교 측에서 작성하기로 했으며, 초고는 최남선이 기초하기로 했다. 천도교 측에서는 이미 마련한 일원화·대중화·비폭력화의 3·1운동 3대 원칙과 손병희 등이 수립한 독립선언서의 지침을 최린을 통해 전달했다. 즉 동양 평화를 위하여 조선이 독립해야 한다는 내용과 감정적으로 표현하지 말고 온건한 표현을 하라는 취지의 지침을 받은 최남선은 2월 초순부터 초고 작성에 착수했다. 그리고 1919년 2월 11일경 초고를 완료하고 2월 15일경 최린에게 넘겨주었다.

이종일은 독립선언서 초고를 자신이 작성하려 했으나 뜻대로 되지 않고 최남선이 마무리했다고 밝혔다. 최남선에게 독립선언서 초고를 전달받은 최린은 이를 자신의 집 벽에 걸려있던 거문고 속에 감추어두었다가 손병희 등에게 보여 천도교 측의 동의를 구했다. 이어 다시 이를 기독교 측 대표인 함태영에게 보여 기독교 측의 동의도 구했다.

독립선언서가 준비되자 천도교·기독교·불교 등에서 이른바 민족대표를 선정하고 독립선언서에 서명 날인했다. 1919년 2월 27일 확정된 민족대표는 다음과 같다.

- 천도교(15명): 손병희·권동진·최린·오세창·임예환·나인협·홍기조·박준승·양한묵·권병덕·김완규·나용환·이종훈·홍병기·이종일
- 기독교(16명): 이승훈·길선주·유여대·양전백·김병조·이명룡·이갑성(이상 감리교)·오화영·최성모·이필주·신석구·김창준·박동완·신홍식·정춘수·박희도(이상 장로교)
- 불교(2명): 한용운·백용성

이종일 등 33인은 민족대표로 서명·날인함으로써 자신에게 가해질 위해를 무릅쓰고 3·1운동을 주도했고 독립선언식을 거행했다. 독립선언서는 인류의 양심에 입각하여 우리 민족의 강렬한 독립 의지를 세계만방에 천명한 것으로 1910년대 민족운동의 이론과 논리를 가장 명쾌하게 정리한 논설의 백미다. 공약삼장은 본문의 온건하고 설득적인 표현과는 달리 비폭력을 전제로 하면서도 민중들에게 "최후의 1인, 최후의 1각"까지 결연히 투쟁할 것을 호소한 내용이다.

독립선언서는 3·1운동의 전개에서 많은 영향을 미쳤다. 특히 공약삼

민족대표 48인(『동아일보』 1920년 7월 12일자)

장은 3·1운동 당시 국내외에서 발표된 50여 종가량의 선언서류에 거의 그대로 채택되었다는 점에서 만세시위의 행동강령이자 지침이라 할 수 있다.

최남선은 독립선언서 외에도 미국 대통령에게 보내는 탄원서, 열국 대표자들에게 보내는 청원서, 일본 정부에 보내는 청원서, 일본 의회에 보내는 청원서, 조선 총독에게 보내는 청원서 등을 기초했다.

기독교 측의 동의까지 구한 독립선언서는 천도교 측의 오세창이 총책을 맡고, 보성사 사장이었던 이종일의 책임 아래 인쇄되었다. 이종일은 2월 16일 오세창에게서 독립선언서 인쇄를 의뢰받고 동의했으며, 조판한 것을 2월 26일 밤 오세창에게서 건네받았다. 이종일은 자신이 민족대표로 서명한 독립선언서를 보성사 직원인 신영구와 김홍규에게 극비리에 인쇄할 것을 지시했고, 1919년 2월 27일 2만 1,000매를 인쇄했다. 인쇄 도중 비밀을 유지하기 위하여 이종일은 보성사 직원들에게 계속 야근을 해야 한다고 하며 일체의 외부 출입을 금했다. 그래서 대부분의 직원들은 그들이 인쇄하는 것이 무엇인지도 모르고 있었다. 그러나 1919년 2월 26일, 이상한 낌새를 눈치챈 조선인 형사 신철이 들이닥쳤다. 이종일은 침착하게 신철을 달래는 한편 손병희와 상의하여 거금을 주고 매수하여 위기를 넘겼다고 한다.

그런데 독립선언서의 인쇄 과정에 대하여 이종일은 지금까지 알려진 것과는 다른 주장을 하고 있어 주목된다. 이종일은 자신이 일제의 심문과 재판 과정에서 진술한 내용은 사실이 아니라고 했다. 즉 이종일은 자신의 일기에서 독립선언서의 인쇄매수는 2만여 매가 아니라 3만

독립선언서를 인쇄한 보성사

5,000매이고, 인쇄일자도 1919년 2월 27일이 아니라 7일 전인 2월 20일부터 비밀리에 찍기 시작한 것이라고 밝혔다.

이종일은 자신이 일제에 피체되어 심문을 받으면서 독립선언서의 인쇄와 배포 과정에 대하여 거짓을 진술했다고 밝혔다. 이는 이 과정에 참여한 인사들과 보성사를 보호하기 위한 의도였다. 그러나 일본인 예심판사 나가시마 유조永島雄藏가 3·1운동 추진 과정의 전말을 소상히 알아채고 예리한 질문을 거듭하자, 내심 움찔했으나 계속 거짓으로 진술했다고 했다.

인쇄된 독립선언서는 오세창의 책임하에 배포되었지만 실제적으로는 이종일이 담당했다. 인쇄된 독립선언서를 천도교당으로 운반하던 도중에도 일경에게 검문당하는 아찔한 순간이 있었다. 이종일은 족보라고 속이고 위기를 모면했다. 또한 이종일은 자신의 집으로 독립선언서를 운반할 때 일제의 감시를 피하기 위해 13세 된 손녀 이장옥李璋玉을 동원했다. 이종일은 법정에서도 손녀가 선언서 배포를 담당했다고 답변했는데, 손녀의 나이가 13세밖에 되지 않아 죄가 성립되지 않는다는 사실을 이용한 것이었다.

천도교·기독교·불교·학생 등이 서로 분담하여 서울과 지방으로 독립선언서를 배포했다. 이 일은 민족대연합전선에 합류한 모든 단체가 분담했다. 독립선언서 인쇄를 마치고 비밀리에 집으로 운반해둔 이종일은 오세창에게 독립선언서를 배포하도록 요청했다. 오세창은 암호로 청색 쪽지를 가져오는 사람에게 배포하라고 지시했고, 이종일은 이를 확인하고 독립선언서를 배포했다. 이종일이 집에 없을 때는 어린 손녀가 배포를 대신하기도 했다. 독립선언서의 배포 분담 내용은 다음과 같다.

- 천도교: 인종익(충청도·전라도)·안상덕(강원도·함경도)·김홍열(황해도)·이경섭(황해도)
- 기독교: 김창준(평안도)·이갑성(경상도)·오화영(경기도·함경도)·함태영(평안도)
- 불　교: 한용운
- 학　생: 이갑성

1919년 2월 28일, 이종일을 비롯한 민족대표들은 가회동 손병희의 집에서 최종 회합을 가졌다. 그 이유는 독립선언서에 서명한 민족대표들이 상면하여 서로를 익히고, 이튿날의 역사적인 순간을 앞두고 결의를 다지기 위한 것이었다. 민족대표들은 이 회합에서 처음 만나는 경우도 없지 않았다. 양전백·길선주·이명룡·김병조·정춘수·나인협·홍기조·양한묵·백용성을 제외한 23명의 민족대표들이 모였다. 이 자리에서는 독립선언의 장소를 파고다공원(현 탑골공원)에서 명월관明月館 지점인 태화관泰和館으로 변경했다. 이는 학생과 시민이 다수 군집하게 되면 자칫 폭력사태가 있을 수 있고, 일제에게 폭력 진압이라는 구실을 주어 다수의 희생자가 발생할 수 있다는 의견 때문이었다.

그뿐만 아니라 이전에 일제에게 취조를 당한 경험이 있는 한 대표가 중요사항이라도 미리 말을 맞추어두자고 제안했다. 그러나 그들은 민족대표로서 독립선언에 관하여 있는 그대로 당당하게 밝혀야 하며, 그렇게 하면 저절로 말이 맞을 것이라고 결의했다. 또한 선언식장에서 민족대표 전원이 자리를 뜨지 말고 동일한 행동을 취할 것도 다짐해두었다. 이때 손병희는 만약 민족대표들이 피체될 경우 가족들의 생계보조를 위하여 매월 1인당 10원씩 지불하기로 약속했다.

이종일은 3·1운동의 구체적 배경으로 일본인에 의한 광무황제의 독살과 10여 년간에 걸친 일제의 헌병·경찰 통치의 만능주의, 경제적 착취, 노동 착취, 2·8독립선언을 들었다. 당시는 고종의 갑작스러운 죽음에 대해 일본의 독살설이 파다한 상황이라, 특히 직접적 자극제가 된 사건으로서 일본인의 고종 독살설을 들었다.

고종을 추도하는 마음은 갖고 있었지만, 이종일이 왕정복고를 추구한 것은 아니었다. 다만 일제의 식민지배와 고종 황제를 독살한 만행에 대한 규탄이었다. 이종일이 추구한 정치체제는 민주공화제였다. 이는 비망록의 여러 기록에서 확인할 수 있다. 특히 3·1운동을 "신민운동臣民運動에서 시민운동市民運動으로의 과감한 이행"이라고 평가한 이종일의 인식을 새롭게 평가할 필요가 있다. 이러한 인식은 또한 대한민국 임시정부를 군주제에서 민주공화제로 전환하게 한 발전적 측면에서 평가한 데서도 분명히 알 수 있다.

서대문형무소 옥중에서도 투쟁하다

1919년 2월 28일 손병희의 집에서 있었던 민족대표의 최종 회합에 참여하고 돌아온 이종일은 거의 뜬눈으로 역사적인 3월 1일 새벽을 맞이했다. 새벽에 일어난 이종일은 오늘의 거사가 반드시 성공하기를 심고心告했다.

3월 1일은 토요일이었다. 날씨도 따뜻하고 청명했다. 이종일은 이런 날씨조차도 우리의 독립운동이 성공하도록 온 세상이 도와주는 것이라 믿었다. 이종일은 이날 오전까지 집에 남아있던 독립선언서를 천도교인 이관에게 국장에 참배하려 도열한 군중들에게 배포하도록 200매, 한용운에게 서울의 학생단과 전국의 사찰에 배포하도록 5,000매, 박희도와 이갑성에게 서울의 학생들에게 배포하도록 각각 2,000매를 나누어주었다.

자신의 집에 보관하던 독립선언서를 거의 배부한 이종일은 오전

10시경 식사도 하지 않은 채 손병희의 집에 들러 권동진 등과 함께 약속 장소인 태화관으로 나갔다. 오후 2시, 태화관에는 늦게 도착한 길선주·유여대·정춘수 및 미리 상하이로 건너간 김병조를 제외한 29명의 민족 대표가 참석했다. 손병희는 이종일에게 직접 독립선언서를 인쇄하고 배포했으니 독립선언서를 크게 낭독하라고 했다. 손병희의 지시에 따라 이종일은 일부 오자를 수정하며 독립선언서를 크게 낭독했다. 오후 4시 무렵 독립선언식을 마쳤다.

손병희는 최린에게 총독부 정무총감 야마가타 이사부로山縣伊三郎에게 민족대표들이 태화관에 모여 '조선의 독립'을 선언했다는 사실을 전화로 통지하도록 지시했다. 또한 이갑성으로 하여금 총독부에 독립선언서를 전달하도록 했으며, 인근의 종로경찰서에도 이 사실을 인편으로 연락하게 지시했다. 긴장과 초조함 속에 20여 분의 시간이 흘렀을 때, 연락을 받은 일본 경찰 15명이 5대의 자동차를 대동해 출동하여 독립선언을 했던 태화관을 포위했다.

민족대표들이 태화관에서 독립선언식을 하고 있을 때, 파고다공원에 나가 있다가 선언식 장소가 변경된 것을 뒤늦게 안 강기덕·김원벽·한위건 등 학생대표들이 태화관으로 달려왔다. 이들은 민족대표들에게 빨리 파고다공원으로 가서 군집한 민중을 선도해줄 것을 강경하게 요청했다. 독립선언 식장을 포위하고 있던 일경들도 학생들의 말에 속수무책으로 쳐다보고만 있었다. 손병희는 학생대표들에게 평화적인 독립선언의 취지를 알리고 파고다공원에 모인 학생과 시민들이 평화적으로 운동을 할 것을 간곡히 타일러 보냈다.

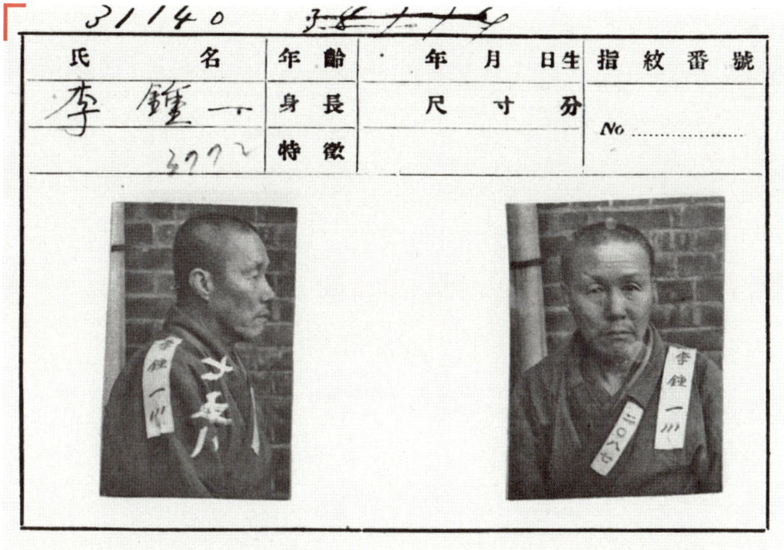

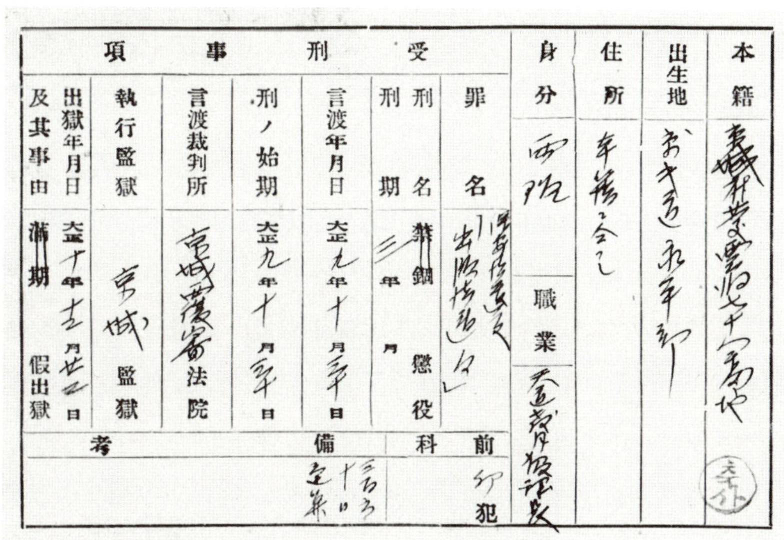

이종일의 수형자카드에 기록된 사진 및 이력(국사편찬위원회 소장)

손병희는 일경에 포위당했으나, 태연자약한 태도로 그들을 압도했다. 이때 한용운이 일어나 "오늘의 우리 모임은 곧 독립만세를 고창하여 독립을 쟁취하자는 취지입니다. 이것은 우리가 앞장서고 민중이 뒤따라야 되는 것입니다. 우리는 신명을 바쳐 자주독립국이 될 것을 기약하고자 여기 모인 것이니 정정당당히 최후의 1인까지 독립쟁취를 위해 싸웁시다"라고 인삿말을 했다. 이어 민족대표들은 만세삼창을 높이 외치고 손병희를 선두로 피체되어 남산 경무총감부로 연행당했다.

민족대표들은 비록 일경에 체포되었지만 일단 목표를 달성했다는 안도감에 기뻐했다. 체포되어 가는 도중 이종일은 나용환·이승훈과 함께 연도에 모인 군중들에게 독립선언서를 뿌리면서 '독립만세'를 외쳤다. 군중들은 목이 터져라 독립만세를 따라 외쳤다. 이때의 감격을 이종일은 "마치 그 목소리는 관악산과 남산, 인왕산을 쩡쩡 울리는 것 같았다"고 기록했다.

한편 이종일은 3월 1일 『조선독립신문』을 창간하고 반포하는 데도 깊숙히 관여했다. 사장은 천도교인 윤익선이었는데, 장효근이 원고를 작성하고 김홍규와 상의하여 보성사에서 1만 5,000부를 인쇄했다. 이종일은 『조선독립신문』의 발행 여부를 심문하는 일본인 검사 가와무라 시즈나가河村靜永에게 이 사실을 숨겼으나, 김홍규가 이종일의 지시에 따라 인쇄한 것이라고 자백하는 바람에 발각되고 말았다.

일경에 피체된 민족대표들은 경무총감부에서 즉각 심문을 받고 조서를 작성했다. 그런데 일경의 태도가 너무 공손하여 민족대표들을 어리둥절하게 했다. 그러나 이종일은 민족대표들을 내란죄로 몰아 극형에

서대문형무소

처하려고 한 일제의 간교한 계책을 예리하게 간파하고 있었다.

일제는 곧 본색을 드러냈다. 1919년 3월 5일경부터 일제는 민족대표들에게 고문을 가하기 시작했다. 이종일은 심문을 하는 일본 경찰에 대해 자신은 일제에 의한 강점과 식민지배에 반대한다는 사실을 당당하게 말했다. 이후에도 또한 다시 독립운동을 할 것이라고 명확하게 밝혔다. 이로 인해 일경에게서 "이종일이라는 자는 지독한 악질"이라는 욕설을 여러 차례 듣기도 했다. 일제는 같은 심문을 반복했지만 이종일은 시간을 끌며 내란죄를 적용하기 위한 일제의 음모임을 파악하고 사필귀정이 되리라는 신념을 굳건히 품었다.

이종일은 일제의 이른바 '문화정치'의 실상도 정확하게 간파하고 있었다. 이종일은 일제가 3·1운동으로 통치방침을 '무단통치'에서 '문화정치'로 바꾸자 이를 "외형적인 착취 방법, 고등경찰적 수법, 독일 비밀경

찰식의 사찰정치"라고 명확하게 지적했다.

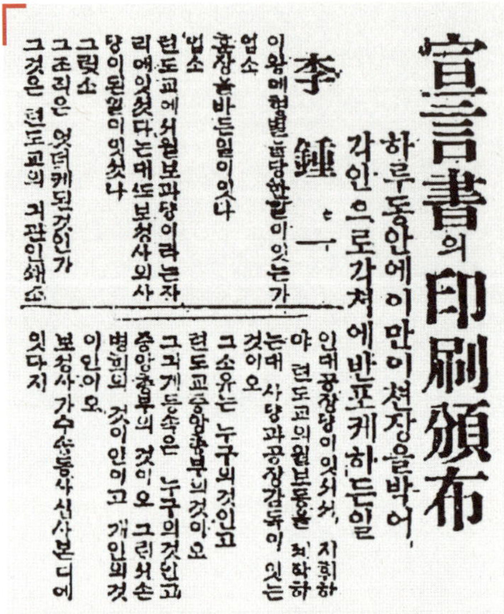
宣言書의印刷頒布
하루동안에이만이쳔장을박어,
각인으로각처에반포케하든일
李鍾一
이왕에협변당한일이잇는가
업소
출장을바든일이잇다
업소
텬도교에서월보과댱이라는자
리에잇섯다는데또보쳥사외사
댱이된일이잇섯나
그럿소
그조직은 엇더케된것인가
그것은 텬도교의 긔관인쇄소
인대공장댱이잇서서, 지휘하
야 텬도교의월보등을 쳐작하
는대 사댱과공장감독이 잇는
것이오
그소유는 누구의것인고
텬도교중앙총부의것이오
그긔게등속은 누구의것인고
중앙총부의 것이오 그런서손
병희의 것이안이고 개인의것
이안이오
보쳥사가수송동사신사본디에
잇다지

이종일 신문조서(『동아일보』 1919년 9월 22일자)

이종일은 민족대표가 공포에 떨거나 비열한 행동을 해서는 안 된다고 믿었다. 따라서 일제의 고문으로 변절하는 민족대표가 나온다는 말을 듣고는 "만약 고문이 무서워 변절하거나 투항한다면 민족대표 명단에 끼어들 필요가 없다. 어떤 대표는 벌벌 떨면서 방성대곡하고 있으니 이게 도대체 될 법한 일인가"라고 질타하기도 했다. 그러면서 나약한 태도를 보이는 민족대표들이 출옥을 한다 하더라도 변절할 우려가 있지 않을까 염려했다.

그런데 한용운이 겁에 질려 울고 있는 일부 나약한 민족대표에게 감방에서 인분 세례를 퍼붓는 사건이 발생했다. 이종일은 이 사건을 아주 통쾌한 일이라며, 만일 자신이 옆에 있었다 하더라도 인분을 퍼붓지 않고는 못 견뎠을 것이라고 했다. 그러면서 일제의 고문에도 당당하고 정의에 불타는 자세를 보이며 투쟁을 전개한 손병희 등의 행동을 높이 평가했다.

이종일의 옥중투쟁은 장엄했다. 일본 경찰, 검사와 판사의 심문이 진행될 때도 의연한 옥중투쟁을 전개했다. 특히 1919년 7월 12일의 공판에서는 내란죄를 유도하려는 일본인 판사에게 내란죄를 적용하는 것은 사리에 합당하지 않은 인권유린 행위라고 항변했다. 이종일은 자신들의 행위를 법적으로 판단치 않고 정치적 의도로 처리하려는 것을 잘 알고 있었다. 또한 복심법원에서 똑같은 심문이 계속되자 이종일은 법논리를 들며 일본인 판사를 질타하기도 했다. 이러한 인식은 이병헌의 『3·1운동비사三·一運動秘史』에 수록된 이종일과 경무총감부 간의 경성지방법원에서의 답변 내용에 잘 드러나고 있다. 이병헌은 당시 손병희의 비서를 맡고 있으면서 보성사에서 독립선언서 교정을 보기도 했다. 동지를 보호하기 위해 부분적으로 거짓 진술을 하기도 했지만, 이 기록을 보면 이종일이 3·1운동에 참여한 배경과 과정, 독립을 향한 강한 의지를 잘 확인할 수 있다.

옥중의 이종일에게 큰 걱정거리가 두 가지 있었다. 하나는 손병희의 병환이 점차 깊어가는 것이었고, 다른 하나는 자신이 애정을 가지고 있는 보성사의 동지를 보호하고 보성사를 재건하는 일이었다. 이종일은 1919년 5월 26일의 예심 도중 민족대표로 함께 서명한 양한묵이 사망한 것은 일제의 고문에 의한 결과라 하며, 손병희의 병세가 악화된 것도 일제의 고문 때문이라고 발언했다. 결국 손병희는 1년 8개월의 옥고를 치르던 도중 1920년 10월 22일 병보석으로 출옥하여 상춘원常春園으로 돌아갔다.

이종일은 독립선언서를 인쇄한 3·1운동의 산실인 보성사를 지키기 위하여 많은 애를 썼다. 특히 보성사 총무였던 장효근을 보호하기 위해 일제에게 거짓 진술까지 했다. 이는 투옥된 자신을 대신하여 장효근이 보성사를 지켜나가기를 바라는 마음에서였으나 결국 장효근이 체포되자 매우 안타깝게 생각했다. 더구나 1919년 6월 28일 밤 보성사에 화재가 발생했다. 화재의 원인에 대해서는 밝혀지지 않았지만 이 사건을 독립선언서와 『조선독립신문』을 인쇄한 보성사에 대한 일제의 보복 방화라고 여기고 절치부심했다. 이종일은 보성사를 단순한 인쇄소가 아니라 '민족운동의 온상'이며 '민족운동의 요람처'로 인식했다. 때문에 보성사를 중심으로 민족운동을 다시 일으키려 했다. 보성사에 대한 이종일의 애정은 1919년 8월 증거 불충분으로 석방된 장효근이 그를 면회 왔을 때 나눈 대화에서도 잘 보인다.

> 감옥에서 맞은 만세 1주년이 되는 날이다. 다행히 장효근이 작년 8월에 증거 불충분으로 석방되어 걱정스레 나를 면회하곤 했다. 그때마다 나는 "보성사는 우리 민족운동의 온상이니 잘 재건해서 앞으로 큰일을 해야 할 것이오. 이곳은 단순한 인쇄소가 아니라 민족운동의 요람처라는 긍지와 사명감을 갖게 하시오. 언젠가는 그곳을 중심으로 다시 일을 도모할 것이니 …… 일찍이 동지들과 천도구국단을 조직, 활동하던 때를 환기시켜 보오"라고 하였다. 그도 고개를 끄덕이며 감회에 젖어 있는 것을 똑똑히 보았다.

이종일은 만세시위가 전국적으로 파급되는 것을 감격스럽게 여겼다. 특히 이종일의 고향인 태안에서 만세운동이 전개되었다는 소식을 듣고는 매우 감회어린 기록을 남기고 있다. 이 부분에는 고향을 생각하는 이종일의 인간적인 면모와, 나라를 잃은 자괴감이 잘 표현되어 있다.

옥중에서도 이종일은 국내외에서 전개되던 독립운동 추세에 대해 비상한 관심을 가지고 있었다. 비망록에 의하면 이종일은 옥중에서도 국내의 대동단大同團·혈성단애국부인회血誠團愛國婦人會·한성임시정부漢城臨時政府 조직을 비롯하여 미주의 대조선독립단大朝鮮獨立團, 간도의 대한인민회大韓人民會, 노령의 대한국민의회大韓國民議會, 훈춘의 대한국민회大韓國民會, 상하이의 대한민국 임시정부가 조직되었다는 소식을 듣고는 매우 기뻐했다. 특히 봉오동전투와 청산리대첩의 쾌보를 듣고는 독립을 쟁취할 수 있다는 신념을 더욱 굳게 가졌다.

3·1운동이 민족독립운동에 끼친 영향이 엄청난 것이었음은 재론할 나위조차 없다. 박은식은 『한국독립운동지혈사』에서 3·1운동을 "우리 2천만 한민족이 충신忠信으로 갑주甲冑를 삼고 적혈赤血로써 포화砲火를 대신하여 정의 인도의 기치旗幟를 들어 전고前古에 없던 도수혁명(맨손혁명)을 개창한 것"이라고 하며, "우리 민족이 맨손으로 분연히 떨쳐 일어나고 붉은 피로써 독립을 갈구한 것은 세계혁명사에서 일대신기원一大新紀元을 연 것"이라고 평가했다.

3·1운동에 대하여 이종일도 그와 비슷한 평가를 내렸다. 이종일은 특히 3·1운동에 전 계층의 민중이 참여한 것에 큰 의미를 두며, 사상적으로는 '신민운동에서 시민운동으로의 전환'이라고 했다. 또한 3·1운동을 '창세기 이래 최초의 맨손혁명운동', '세계 무대에서 활동한 특기할 만한 민족독립운동의 가장 신선한 대명사'라고 평가했다.

출옥 후
제2 독립선언을 준비하다

이종일은 옥중에서 일제의 계속되는 가혹한 고문과 고통스러운 수감생활에도 불구하고 국내외 정세를 예민하게 수집·분석했다. 이종일은 출옥한 장효근이 면회를 올 때마다 보성사의 재건을 당부하는 등 독립운동의 재기를 역설했다. 또한 장효근에게 다시 독립운동을 전개하기 위하여 국제정세를 잘 살피도록 지시했고, 1921년 10월경에는 태평양회의를 이용하여 제2의 3·1운동을 계획하도록 권유했다. 이와 함께 그 스스로도 출옥과 동시에 제2의 3·1운동을 주도하고자 결의를 다졌다.

1921년 12월 22일, 이종일은 만기 3개월을 앞두고 가출옥 형식으로 석방되었다. 그러나 이종일은 일제 식민지하의 강토는 모두가 감옥이라고 생각했다. 민중들이 비록 자기 집에서 살고는 있으나 식민치하이기 때문에 감옥이나 다름없다는 것이다. 그래서 출옥했다 하더라도 감옥과 별다른 느낌을 받지 못했다고 했다.

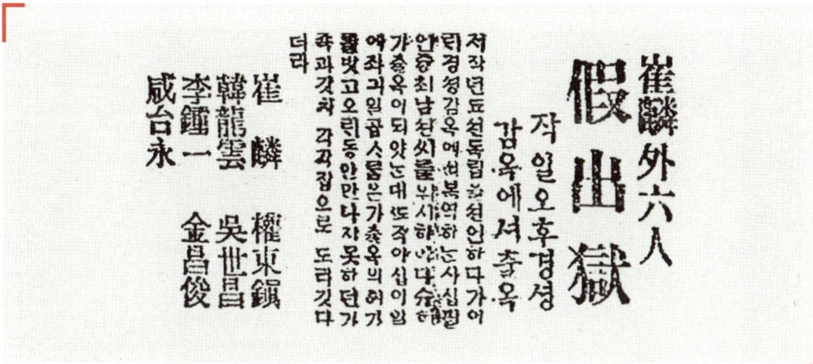

崔麟外六人 假出獄

작일오후경셩 감옥에셔 출옥

저작년도 선독립을선언하다가어
티경셩감옥에셔복역하는사실[illegible]
안중최남선씨를[illegible]
가출옥이되얏는대또작아십이일
에좌긔일곱사람은가출옥의허가
를밧고오랫동안만나지못하던가
족과갓차 각각집으로 도라갓다
더라

崔麟 權東鎭
韓龍雲 吳世昌
李鍾一 金昌俊
咸台永

이종일 가출옥 보도 기사(『매일신보』 1921년 12월 23일자)

출옥 후 이종일은 일제의 삼엄한 감시를 받았다. 그럼에도 불구하고 옥중에서 결심한 제2의 3·1운동을 실행하기 위하여 비밀리에 계획을 진행했다. 한편으로는 이승만·서재필 등이 독립청원을 위해 노력했던 태평양회의의 진행 상황을 예의 주시하면서도, 이종일의 채택 여부에 관계없이 독립운동을 주도하기로 했다. 그러나 영국의 식민 지배를 받던 인도가 우리 3·1운동의 영향을 받아 독립운동을 전개했다는 소식과, 아일랜드에 독립정부가 수립되었다는 소식은 그에게 큰 힘을 불어넣어 주었다.

이종일은 3·1운동 3주년이 되는 1922년 3월 1일, 보성사 직원들과 함께 거리에 나가 제2독립 선언식을 거행하고자 했다. 이종일은 자신이 직접 이때 낭독할 「자주독립선언문自主獨立宣言文」을 기초했다. 한지 2장에 757자의 한문으로 작성한 초고는 번역하여 보성사에서 김홍규에게 인쇄하도록 했다.

서대문형무소를 나서는 이종일(오른쪽 첫번째)과 민족대표들(『동아일보』 1921년 12월 23일자)

「자주독립선언문」은 천도교인과 민중들에게 조국의 미래에 대한 광영光榮을 확신시키고, 기미년 3·1운동 정신을 계승하여 또 다시 거족적인 궐기를 촉구한 내용이다. 비록 실행에 옮기지는 못했으나 이종일의 불굴의 투쟁정신을 잘 보여준다. 「자주독립선언문」 전문은 다음과 같다.

> 존경하는 천도교인과 민중 여러분!
> 우리 대한은 당당한 자주독립국이며 평화를 애호하는 세계의 으뜸 국민임을 재차 선언합니다. 지난 기미년의 독립만세운동은 우리의 전통적인 독립에의 의지를 만방에 천명한 것이고 국제정세의 순리에 병진하는 자유·정의·진리의 함성이었습니다. 그럼에도 불구하고 일본의 무력적 압박으로 말미암아 우리의 자유와 평등을 주장한 이 자주독립운동은 몹시

가슴 아프게도 꺾이었습니다. 지난날 우리의 민족종교계 대표들은 자진해서 일본 경찰에 체포되어 갔습니다. 그것은 당당한 우리의 평화적이고 양심적인 행동으로 독립의 절규를 상징하는 일대 시위운동이었습니다. 그들은 우리 대표를 갖은 곤욕과 무질서한 문초로 위협하였습니다만 우리는 결코 비굴하거나 투항하지 않았습니다.

우리는 마침내 다시 풀려나 자유의 몸이 되었으나 반도 3천 리가 모두 감옥이나 다를 바가 없습니다. 우리의 독립을 위한 투쟁은 이제부터가 더욱 의미 있고 중요합니다. 뜻 맞는 동지끼리 다시 모여 기미년의 감격을 재현하기 위해 우리 천도교의 보성사 사원 일동은 재차 봉기하여 끝까지 조국의 독립을 위해 신명을 바칠 것을 결의하고 선언하는 바입니다.

아! 우리 민중들은 차마 망해가는 성스러운 나라를 그냥 방치해두렵니까? 좌절해서는 아니 됩니다. 진실로 우리나라 우리 집을 위해 한두 사람의 지사가 없단 말입니까. 비참하고 슬픈 일이 아닐 수 없습니다. 운이 다해서 그렇습니까. 명이 다해서 그렇습니까.

우리는 일어나야 합니다. 그래서 섬나라 사람은 섬으로 보내고 대한 사람은 대한을 지켜야 합니다. 비록 우리가 지금 압박과 질곡 속에 얽매여있다 해도 우리는 틀림없이 광복하고 말 것이니 민중이여! 안심하고 경건하게 이번의 독립시위운동에 참가하십시오. 우리 역사는 반만 년의 빛나는 전통과 유서가 있는 것이고, 근대적 충의와 도덕의 근원이 깊은 것일 뿐 아니라 종교와 문학이 융창하고 밝아서 그 패택沛澤이 일본을 살찌게 하였습니다.

그러므로 우리는 그들보다 우위에 있음을 긍지로 알아야 하겠습니다. 우리의 국혼國魂이 건재하고 견고하면 우리는 결코 망하지 않습니다. 이제 문득 국제정세를 살펴보건대 시급히 도모하여 독립시위운동을 하지 않으면 자존영생自存永生할 수 없으며 예의 항거하여 일본을 방축放逐하지 못하면 결코 발전할 수 없음을 명심해야 합니다. 지금 살고 있는 것은 사는 게 아닙니다.

일본도 기미년 이후 무단적인 헌병경찰통치를 고쳐 유화정책을 쓰고 있으나 이는 고등경찰통치이므로 기만당해서는 아니 됩니다. 우리의 절대적인 주장은 오로지 독립이 있을 뿐입니다.

가슴에 아로새겨두고 궐기해서 일본을 쫓아내야 합니다. 우리 민족의 진로에는 오직 자주독립이 있을 뿐입니다. 사회주의 풍조를 불식하고 오직 민주적 민중국가 건설에 매진하고 일본의 감언이설에 기만당하는 간사하고 어리석음을 깨끗이 씻어내야 합니다.

민중 각자는 짚자리에서 잠자고 창을 베개로 하며 또 끓는 물속이나 불속의 형세라도 흔쾌히 뛰어들어 온누리가 자주독립되게 하여 일월日月이 다시 밝아지면 어찌 한 나라에 대한 공로만으로 그치겠습니까. 진실로 후세에 이 말을 전하여 훌륭한 조상이 되어야 할 것입니다. 지난번 비록 미국 워싱턴의 태평양회의에 건 독립에의 원대한 계획이 수포로 돌아갔다고 해도 우리의 독립의지에는 변함이 없는 것입니다.

우리의 앞날에는 영광과 행복이 있을 뿐입니다. 어서 이 독립운동 대열에 참여해주시기를 간절히 비는 바입니다.

단기 4255년 3월 1일

천도교 보성사 사장 이종일 외 일동

이 선언문은 이종일 개인이 작성한 것임에도 불구하고, 전체 독립운동사에서 차지하는 사료적 가치와 의미가 적지 않다.

첫째, 평화적이고 양심적인 3·1운동이 비록 일제의 무력탄압으로 인하여 완전 독립을 쟁취하는 데까지 이르지는 못했지만, 이종일과 우리 민족의 불굴의 자주독립정신을 유감없이 보여준다. 이종일은 3·1운동의 민족사적·세계사적 의미를 설명하고 3·1운동이 종료되지 않은, 계속성을 지닌 민족운동임을 강조했다.

둘째, 독립운동 대열에 민중의 지속적인 동참을 호소했다. 이종일은 비록 민중들이 집에서 잠을 잔다고 하더라도 일제 치하에서는 3,000리 강토 전체가 감옥이라고 하며, 섬나라 사람은 섬으로 보내고 대한은 대한 사람이 지키자고 호소한 것이다.

셋째, 일본보다 우월한 반만 년의 문화 전통을 강조하며 독립을 향한 자신감과 확신을 표현하고 있다. 이러한 문화적 우월감은 과거 우리 문화가 일본 문화 형성과 전개에 영향을 주었다는 역사인식에 바탕을 둔 것이다.

넷째, 독립 쟁취의 당위성으로 국제정세의 변동을 들고 있다. 즉 스스로 독립을 쟁취하지 못하면 국제사회에서 자존영생할 수 없다는 논리를 펴며 국제사회의 일원으로 존재하기 위해서라도 독립을 쟁취해야 한다는 것이었다.

다섯째, 일제 식민통치의 기만성을 폭로하고 있다. 이종일은 일제가 유화정책을 펴며 제시한 이른바 문화정치를 고등경찰 통치에 불과한 것이라며 민중들이 기만당하지 않도록 주의를 환기했다.

己未運動의先驅 李鍾一氏長逝

[기미년운동때삼십삼인즁한분 영양부족으로작일정오에댱서]

◇三十三人도한분두분!

과미년삼일운동(己未年三一運動)의선두에잇든사십팔인(四十八人)중의 한사람인리종일(李鍾一)씨는파란즁첩하든륙십팔세의인세(人世)를뒤로두고삼십일일 오후령시에 죽첨뎡(竹添町)일뎡목삼십일번디자택에서영양불량(營養不良)이란『병』으로영원의 길을떠낫다는데그에게 다만한낫아들이잇섯스나그가긔미년 사건으로텰창생활을 할때죽어버리고지금은아들도 손자도업시그부인리씨(李氏)와 친긔죽첨뎡오막사리집에서삼순구식으로 그렁저렁지냇엇다 하며 씨의족하되는리영순(李英淳)씨는로국『모ー스크』공과대학에 다니는중이라더라

댱서한리종일씨

六十年間略歷

故李鍾一氏의號는沃坡이니今年六十八歲의老齡이다甲午政變以後에氏는官職을辭하고朝鮮民族의未開를嘆하야帝國新聞(우리글의新聞으로朝鮮서嚆矢)社長으로就任한後十餘年間心血을傾하야經營하며人民開發에專力하든바그의在任은드되어當時當局者에게미움을사게되야屢次監禁까지當한일이잇다하며以後自强會、大韓協會等主幹을歷任하고恒常朝鮮國文의不完全을늑기어國文硏究會를만들어스스로그會長에就任하야努力하엿스며時勢가急轉하야日韓合邦이된後에는京鄕을通하야七學校校長을歷任하다가三一運動前에는天道敎月報社長、普成社長等으로在任하엿다하며己未宣言時三十三人中一人으로被捉되여約三年間西大門刑務所에서鐵窓生活을하엿다더라

憂國志士는

장사비용도업습니다

◇李鍾麟氏談

별항리종일씨 서거에대하야씨의친척리종린(李鍾麟)씨는말하되 『별안간 이런일을당하여서할말이업습니다 리종일씨는성질이매우온후하고 침묵하며 질소한 어룬입니다 조선사학(史學)에 대하야 조예가만으며 신어룬으로 여러방면에 조선을위하야 공헌한바이만습니다 나와는 친척관계가 잇슬뿐아니라 평시부터 동디로지내오든터인데 그가 지금까지하여온일을보면 자긔일신을 위한것이 한가지도업고 국가사회와 민족을 위하야일하여왓습니다 그가아들도 업고집도업시이러케 서거하게됨 을사회의죄라할가요『그의죄라 할가요?!! 영양부족으로 그가죽엇다는 소문을듯는조선 사람의생각이엇더할는지요?』하면서 『장상지낼비용도한푼업습니다마는 동지들의 힘으로 그렁저렁지나볼가합니다』

이종일 서거 기사(『동아일보』 1925년 9월 1일자)

여섯째, 당시 급속히 확산되고 있던 사회주의사상을 불식하고 민주적 민중국가를 건설해야 한다고 주장했다. 이는 독립운동전선의 사상적 분열을 경계한 것이라 생각된다.

일곱째, 독립을 외세에 의존하지 말고 주체적으로 쟁취할 것을 역설했다. 즉 당시 태평양회의에 걸었던 일말의 기대가 무산되었으나, 이에 실망하지 말고 주체적 독립 쟁취를 향한 의지로 새롭게 정신무장할 것을 강조했다.

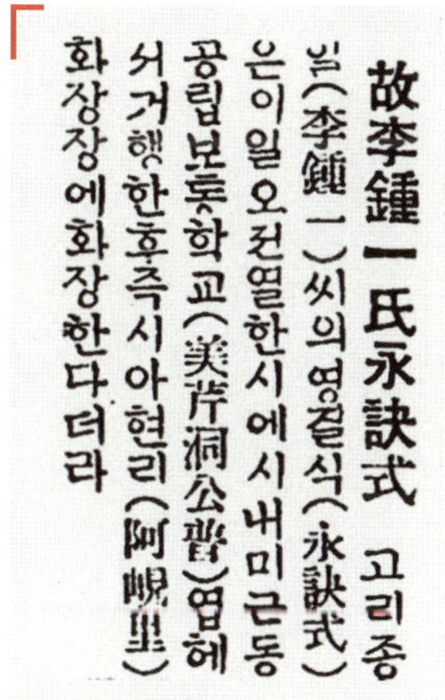
故李鍾一氏永訣式

고리종일(李鍾一)씨의영결식(永訣式)은이일오전열한시에시내미근동공립보통학교(美芹洞公普)엽헤서거행한후즉시아현리(阿峴里)화장장에화장한다더라

이종일 영결식 기사
(『동아일보』 1925년 9월 2일자)

여덟째, 자기희생적인 독립 투쟁은 후손에 대한 조상으로서의 마땅한 의무이며, 또 후대에 훌륭한 조상으로 남는 길임을 강조했다.

제2의 독립선언과 만세시위 계획은 불행하게도 1919년 2월 27일 보성사에서 선언서를 인쇄하는 도중 일제에 발각되어 압수당함으로써 무위로 그치고 말았다.

제2의 독립선언 계획 이후 이종일의 활동상은 자료의 부족으로 잘 알 수 없으나, 이종일의 말년은 매우 불우했다. 이종일은 후손이 없어 동생인 이종칠의 아들 이학순을 양자로 입양했다. 그러나 이종일이 옥고를 치르는 동안 양자 이학순이 사망했으며, 손자도 없었다. 조카 이영순마저 모스크바로 유학을 가서 공과대학에 다니고 있었기 때문에 그를 돌보아줄 혈육이라고는 전혀 없는 셈이었다.

그뿐만 아니라 『제국신문』을 10여 년간 경영하며 가산을 탕진했기 때문에 말년에는 허물어져가는 셋집에서 끼니조차 제대로 해결하지 못하고 지냈다. 이종일은 병석에 누워서도 변변한 죽 한 그릇 먹지 못하다가 결국 1925년 8월 31일 0시 10분에 영양실조로 오막살이집에서 순국했다. 향년 68세였다.

이종일 동상

당시 『동아일보』와 『조선일보』 등 민족 언론들은 9월 1일자로 이종일의 서거를 대대적으로 보도하며 추모의 글을 게재했다. 그러나 평생을 민중의 개화·개명과 조국의 독립을 위해 일신을 바친 이종일은 장례비용조차 남기지 못했다. 친지와 동지들의 주선으로 겨우 장례를 치를 수 있었다. 당시 언론에 게재된 그의 친척이자 동지였던 이종린의 회고담 기사는 그 정황을 여실히 보여준다.

별안간 이런 일을 당하여 할 말이 없습니다. 사람의 평생이 우습지요. 나는 고인을 친척으로 아는 것보다 동지로 더 잘 압니다. 내가 같이 감고하기를 삼십 년 동안에 그의 삼십 년 역사를 회고하면 자기를 위하여 하였다는 일은 별로 없고 오직 사회와 국가를 위하여 가산과 정열을 바쳤습니다. 성질이 고결관후高潔寬厚하며 항상 조선 국문에 많은 취미를 가져서 국문 연구와 사학에는 포부가 깊었으며 평생을 세상을 위하여 바쳤으나 운명할 때에는 미음거리가 없어 굶어죽다시피 하였으니 이런 분이 어찌 우리 사회에 고인뿐이겠습니까. 살아서 호구를 못하고 죽어도 장례가 막연한 것이 지사의 말로라고 하면 너무 허무하지요.

–『동아일보』 1925년 9월 1일자; 『조선일보』 1925년 9월 1일자

이종일의 삶과 자취

1858	11월 6일, 충청남도 태안군 원북면 반계리에서 출생함
1872	서울로 상경함
1874	문과에 급제함
1882	8월 14일, 박영효 수신사 사절단 일원으로 일본을 시찰함
1895	내부주사에 임명됨
1896	『독립신문』 논설을 집필함
1898	3월 9일, 대한제국민력회를 조직하고 회장으로 추대됨
	7월 8일, 중추원 3등 의관에 임명됨
	7월 9일, 신촌정신新村精神을 제창함
	8월 10일, 『제국신문』을 창간하고 사장에 취임함
	8월 14일, 윤이병의 무고에 의해 개화당으로 몰려 포박됨
	11월 24일, 흥화학교를 설립함
1899	5월 31일, 독립협회와 여자회원찬양회를 설립을 후원함
1901	2월 8일, 대한신문인간담회를 결성함
	2월 15일, 지석영 등과 국문학교를 설립함
1902	8월 18일, 관리서 이사로 임명됨
1903	4월 17일, 『제국신문』 사장직을 사임함
	6월 15일, 『제국신문』 사장으로 재취임함
1904	범국민신생활운동을 전개함
	3월 22일, 「한성신보에 사형실황」이라는 기사로 경무청에 구금됨
1906	최학래의 권유로 천도교에 입교함

	3월, 대한자강회 조직에 참여함
	6월 17일, 천도교 기관지 『만세보』 창간에 참여함
	8월 25일, 「대한자강회보가」를 발표함
1907	6월 7일, 『제국신문』 사장직을 사임함
1908	1월 19일, 기호흥학회 조직에 참여함
	4월 17일, 대한협회 평의원에 피선함
	9월 6일, 『대한민보』 발행 겸 편집인에 취임함
	9월 23일, 대한제국 국문연구회 연구원에 선임됨
1909	1월 23일, 한성부민회 민회규칙기초위원으로 선정됨
	12월 11일, 대한협회 지방부장에 당선됨
1910	천도교에서 경영하는 보성사 사장으로 선임됨
1912	10월 31일, 민족문화운동수호본부를 설립하고 단장에 취임함
1913	1월 4일, 천도교중앙총부 월보과장으로 임명됨
1914	8월 31일, 천도구국단을 조직하고 단장에 취임함
1919	2월 25일, 3·1운동 민족대표 33인에 서명하고, 독립선언서를 인쇄함
	3월 1일, 민족대표 33인으로서 태화관에서 독립선언식을 거행함
	3월 1일, 보성사에서 『조선독립신문』을 인쇄함
1920	3월 22일, 민족대표 33인 서명을 이유로 경성복심법원에서 징역 3년을 선고받음
1921	12월 22일, 서대문형무소에서 가출옥으로 석방됨
1922	2월 27일, 자주독립선언서를 인쇄하다가 일본 경찰에 압수당함
1925	8월 31일, 향년 68세로 순국함
	9월 2일, 미근동 공립보통학교에서 영결식을 거행
1936	5월 16일, 이태원 공동묘지 묘소를 미아리 공동묘지로 이장함
1960	8월 15일, 국립묘지 독립유공자 선열 묘역으로 이장함
1962	3월 1일, 건국공로훈장 대한민국장에 추서됨

자료

- 「일제감시대사인물카드」
- 「손병희 외 47일 판결문」
- 「이종일 신문조서」
- 『묵암비망록』
- 『제국신문』
- 『황성신문』
- 『대한매일신보』
- 『만세보』
- 『동아일보』
- 『조선일보』
- 『신한민보』
- 『매일신보』
- 『천도교회월보』
- 『개벽』
- 『신인간』

저서

- 이현희, 『손병희; 민족 없이는 구도도 없다』, 동아일보사, 1995.
- 이현희, 『동학혁명과 민중』(하), 한국학술정보, 2004.

• 박걸순, 『이종일의 생애와 민족운동』, 독립기념관 한국독립운동사연구소, 1997.
• 이유진, 『옥파 이종일 선생 이야기』, 창작시대, 2009.
• 충청남도·충청남도역사문화연구원, 『충남을 빛낸 독립운동가』, 충청남도·충청남도역사문화연구원, 2012.
• 김삼웅, 『33인의 약속 – 처음 밝히는 33인의 재판기록과 그 후 이야기 –』, 산하, 1997.
• 김삼웅, 『의암 손병희 평전 – 격동기의 경세가』, 채륜, 2017.
• 성주현, 『천도교에서 민족지도자의 길을 간 손병희』, 역사공간, 2012.
• 홍선표, 『동암 장효근의 삶과 민족운동』, 선인, 2010.
• 김용호, 『옥파이종일연구』, 교학사, 1984.
• 옥파문화재단·옥파기념사업회, 『옥파 이종일선생 논설집』 권1·권2·권3, 교학사, 1984.
• 이병도, 묵암 이종일선생 경세의 위업과 생애』, 묵암기념사업회, 1979.

논문

• 장명욱, 「이종일선생과 여성교육」, 『신인간』 372, 신인간사, 1979.
• 남광우, 「이종일선생과 국문관」, 『신인간』 372, 신인간사, 1979.
• 전기영, 「옥파 이종일의 교육사상」, 『중앙사론』 5, 중앙대학교 사학연구회, 1986.
• 박춘석, 「묵암선생 생가 발견의 경위」, 『신인간』 371, 신인간사, 1979.
• 박춘석, 「이종일 선생의 애국사상」, 『충남향토사연구연합』, 전국향토사연구회연합, 1991.
• 이훈옥, 「옥파 이종일의 여성개화운동」, 『인하사학』 3, 인하역사학회, 1995.
• 김창수, 「옥파 이종일의 사상과 행동: 그의 자주독립사상과 민족독립운동」,

『한국근현사논총』, 오세창교수화갑기념논총간행위원회, 1995.
• 박걸순, 「옥파 이종일의 사상과 민족운동」, 『한국독립운동사연구』 9, 독립기념관 한국독립운동사연구소, 1995.
• 정영희, 「물암 이종일의 근대교육사상」, 『한국민족운동사연구』 43, 한국민족운동사학회, 2005.
• 김창수, 「3·1운동과 옥파 이종일 –『옥파비망록』을 중심으로」, 『중앙사론』 21, 한국중앙사학회, 2005.
• 임형진, 「묵암 이종일의 민족사상과 3·1운동」, 『청소년과 효문화』 15, 한국사상문화연구원, 2010.
• 임형진, 「이종일(1858~1925)과 서대문형무소」, 『3·1운동기 민중항쟁과 서대문형무소』, 서대문형무소역사관, 2009.
• 조성운, 「정암 이종훈의 국내에서의 민족운동」, 『숭실사학』 25, 숭실사학회, 2010.
• 성주현, 「정암 이종훈의 생애와 민족운동」, 『한국민족운동사연구』 69, 한국민족운동사학회, 2011.
• 김주용, 「3·1운동과 천도교계의 민족대표 – 권동진·이종훈을 중심으로」, 『역사와 교육』 23, 동국대학교 역사교과서연구소, 2016.
• 김정인, 「손병희의 문명개화노선과 3·1운동」, 『한국독립운동사연구』 19, 독립기념관 한국독립운동사연구소, 2002.
• 최효식, 「의암 손병희와 3·1독립운동」, 『동학연구』 14·15, 한국동학학회, 2003.
• 장석흥, 「권동진의 생애와 민족운동」, 『한국학논총』 30, 국민대학교한국학연구소, 2008.

ㄱ

가와무라 시즈나가河村靜永 132
갑오개혁 62
갑진개화운동甲辰開化運動 107, 108
개하사상 25, 30, 34, 44
검계劍契 9
『경세유표經世遺表』 36
경세치용經世致用 30
「고백」 69, 72
공약삼장 122
관민공동회官民共同會 49
『구한국관보舊韓國官報』 23, 63
국문연구소國文硏究所 63
국문학교國文學校 57, 86
국민당國民黨 101, 114
권근權近 27
권동진權東鎭 101, 113
권보상權輔相 64
근기남인近畿南人 28
기기국機器局 14
김가진金嘉鎭 75
김개남金開南 14
김기수金綺秀 17
김만식金晚植 21
김옥균金玉均 22, 41
김윤식金允植 14, 116
김정희金正喜 29
김홍규金洪奎 116, 124
김홍집金弘集 19

ㄴ

나가시마 유조永島雄藏 125
남궁억南宮憶 38, 39, 68
남정철南廷哲 116
농광회사農鑛會社 14

ㄷ

대동단大同團 137
대조선독립단大朝鮮獨立團 137
대한국민의회大韓國民議會 137
대한국민회大韓國民會 137
『대한매일신보大韓每日申報』 98
대한인민회大韓人民會 137
대한자강회大韓自强會 60
대한제국민력회大韓帝國民力會 40, 47, 53, 54
『대한협회회보大韓協會會報』 81
독립선언서 121, 122, 124~127, 129, 130, 132, 135

『독립신문』 39, 48, 69
독립의군부獨立義軍府 54, 105, 114
독립협회 39, 47~54, 75, 88
『동경대전東經大全』 94~96
동도서기파東道西器派 38
동학東學 10, 91~93
동학농민혁명 14, 93, 100, 102, 105, 107, 109, 111, 117
돤치루이段祺瑞 114

ㄹ

량치차오梁啓超 40, 41
러일전쟁 108

ㅁ

만민공동회萬民共同會 48~52, 89
『만세보萬歲報』 81
『매일신문』 69, 73
『매일신보』 98
명화적明火賊 8
『목민심서牧民心書』 34, 36
『무술정변기戊戌政變記』 40
무오독립시위운동戊午獨立示威運動 114, 116
『묵암비망록』 13, 30, 34, 40, 54
민영환閔泳煥 55
민족문화수호운동본부民族文化守護運動本部 103, 104
민족연합전선 100, 112, 118, 126
민족자결주의 113, 115

ㅂ

박성춘朴晟春 50
박영효朴泳孝 16, 20~22, 116
박은식朴殷植 38, 68, 75, 86, 137
박정양朴定陽 18, 50
박제가朴齊家 30, 31
박지원 30, 37
박지원朴趾源 28
발음기관설發音器官設 67
백용성白龍城 102
범국민신생활운동汎國民新生活運動 101
보광학교 58
보성사普成社 54, 93, 101, 102, 105, 107, 124, 135, 136, 139
『본교역사本教歷史』 94~96
봉오동전투 137
부민단扶民團 103
부인회婦人會 88
『북학의北學議』 31
북학파北學派 30~33

ㅅ

사변론四辯論 26
사회진화론 22, 47
산조 사네토미三條實美 17
살주계殺主契 9
삼갑운동三甲運動 107, 109
3·1운동 92, 99, 100, 105, 107, 110, 112, 115, 117~127, 133, 135, 137~139, 143
『3·1운동비사三·一運動祕史』 135

서광범徐光範 22
서재필徐載弼 22, 39, 47, 49~52, 139
성균관成均館 63
성리학 25, 27
『성호사설星湖僿說』 36
손병희孫秉熙 90, 92, 93, 100~102, 107, 109, 110, 115, 116, 119, 122, 130~135
송기용宋琦用 64
송축기념비頌祝記念碑 77
『수신사일기修信使日記』 17
『신민보新民報』 104
신영구申永求 116, 124
신철 124
신촌사상新村思想 44, 45
신한청년당新韓青年黨 117
실력양성운동 46
실학 25~30, 39, 92

ㅇ

야마가타 이사부로山縣伊三郞 130
양기탁梁起鐸 115
양명학陽明學 27
양한묵梁漢默 38, 39, 135
어윤중 18
「언문부」 96
「언문의해諺文義解」 64, 65
여성해방론 82, 83, 86, 88, 89
여자교육회女子敎育會 88
『연기燕記』 30
『연암집燕巖集』 34, 37
『열하일기熱河日記』 37
염상모廉相模 68
영선사領選使 14
오경석吳慶錫 41
『오사카마이니치신문大阪每日新聞』 114
오상준吳尙俊 94
오세창吳世昌 101, 113, 124, 125
위원魏源 41
위정척사 18, 43, 44
윌리엄 태프트William Howard Taft 115
유영석柳永錫 68
유필근柳苾根 64
유형원柳馨遠 28
윤돈구尹敦求 64
윤용구尹用求 116
윤치호尹致昊 49, 50, 51, 64, 115
을사늑약 46
『음빙실문고飮冰室文庫』 40, 41
이노우에 가오루井上馨 17
이능화李能和 64, 102
이덕무李德懋 30
이도재李道宰 14, 15
이동녕李東寧 38, 68, 104
이문사以文社 68
이병도李丙燾 8
이상재李商在 48, 50, 51, 116
이승만李承晩 139
이억李億 64
이완용李完用 48
이용후생利用厚生 30, 31, 33
이이李珥 27
이익李瀷 28, 34, 35, 36, 37
이제현李齊賢 27

이종면李鍾冕 68
이종문李鍾文 68
이종훈李鍾勳 116
이토 히로부미伊藤博文 17
「2·8독립선언서」 119
이항로李恒老 43
이황李滉 27
『일동기유日東記游』 17
일진회 99, 117
임병구林炳球 55
임병찬林炳瓚 54, 103
임술농민항쟁壬戌農民抗爭 9

ㅈ

「자주독립선언문自主獨立宣言文」 139, 140
장유張維 27
장지연張志淵 51, 68
장헌식張憲植 64
장효근張孝根 68, 113, 116, 136, 138
장효조 91
정교鄭喬 38, 55, 68
정도전鄭道傳 27
정미7조약 29
정약용丁若鏞 28~30, 34, 37
정제두鄭齊斗 27
제1차 세계대전 113
『제국신문』 찬성회贊成會 75
제물포조약 21
조사시찰단朝士視察團 18, 20
『조선독립신문』 132, 136
조선독립청년단 119
『조선신보朝鮮新報』 79, 80
『조선책략朝鮮策略』 19
「조칙5조」 52
종성해終聲解 67
주시경周時經 64
중국혁명동맹회中國革命同盟會 101
중추원中樞院 23, 24
진보회進步會 108

ㅊ

창신사彰信寺 75
천도교 90, 94, 95, 100, 101~103, 109
『천도교회월보天道敎會月報』 93, 95, 96, 99, 104
천도구국단天道救國團 106, 107, 117
청산리대첩 137
최강崔岡 75
최남선崔南善 121, 124
최린崔麟 101, 119, 121, 130
최명길崔鳴吉 27
최시형崔時亨 94
최제우崔濟愚 91, 94
최학래崔鶴來 90
최한기崔漢綺 29
추밀원樞密院 23

ㅋ

쿤밍昆明 114

ㅌ

탕지야오唐繼堯 114

태극사괘太極師卦 22
통상회通常會 53

ㅍ

파리강화회의 118
펑궈장馮國璋 114
프랭클린 루스벨트Franklin Roosevelt 99, 115

ㅎ

『학부직원록學部職員錄』 64
『한국독립운동지혈사』 137
한규설韓圭卨 116
한남학교漢南學校 57
『한민명전의限民名田議』 37
『한성신보漢城新報』 79
한성임시정부漢城臨時政府 137
한용운韓龍雲 102, 118, 132, 134
한우韓宇 55
함태영咸台永 122
『해국도지海國圖志』 40, 41
허목許穆 28
허버트 스펜서Herbert Spencer 47
「헌의6조」 51, 52
현상윤 119
현은玄檃 64
혈성단애국부인회血誠團愛國婦人會 137
홍대용洪大容 28, 30
홍병기洪秉箕 116
홍영식洪英植 18, 22, 41
화서학파華西學派 43
『황성신문皇城新聞』 29, 38, 39, 63, 64, 69, 75, 79, 98
황준헌黃遵憲 19
훈민정음 67
『흠흠신서欽欽新書』 34, 36
흥선대원군 17
흥화학교興化學校 55, 57

민중에게 다가간 독립운동가 이종일

1판 1쇄 인쇄 2017년 12월 18일
1판 1쇄 발행 2017년 12월 22일

글쓴이 성주현
기 획 독립기념관 한국독립운동사연구소
펴낸이 이준식
펴낸곳 역사공간
주소: 04034 서울시 마포구 양화로 11길 18 원오빌딩 4층
전화: 02-725-8806, 070-7825-9900
팩스: 02-725-8801, 0505-325-8801
E-mail: jhs8807@hanmail.net
등록: 2003년 7월 22일 제6-510호

ISBN 979-11-5707-156-2 03900

• 잘못된 책은 바꿔 드립니다.
• 이 도서의 국립중앙도서관 출판예정도서목록(CIP)은 서지정보유통지원시스템 홈페이지(http://seoji.nl.go.kr)와 국가자료공동목록시스템(http://www.nl.go.kr/kolisnet)에서 이용하실 수 있습니다.(CIP제어번호: CIP2017034222)

사공간이 펴내는 '한국의 독립운동가들'

립기념관은 독립운동사 대중화를 위해 향후 10년간 100명의 독립운동가를 선정하여,
들의 삶과 자취를 조명하는 열전을 기획하고 있다.

1 근대화의 선각자 - 최광옥의 삶과 위대한 유산
2 대한제국군에서 한국광복군까지 - 황학수의 독립운동
3 대륙에 남긴 꿈 - 김원봉의 항일역정과 삶
4 중도의 길을 걸은 신민족주의자 - 안재홍의 생각과 삶
5 서간도 독립군의 개척자 - 이상룡의 독립정신
6 고종 황제의 마지막 특사 - 이준의 구국운동
7 민중과 함께 한 조선의 간디 - 조만식의 민족운동
8 봉오동·청산리 전투의 영웅 - 홍범도의 독립전쟁
9 유림 의병의 선도자 - 유인석
0 시베리아 한인민족운동의 대부 - 최재형
1 기독교 민족운동의 영원한 지도자 - 이승훈
2 자유를 위해 투쟁한 아나키스트 - 이회영
3 간도 민족독립운동의 지도자 - 김약연
4 대한민국 임시정부의 민족혁명가 - 윤기섭
5 서북을 호령한 여성독립운동가 - 조신성
6 독립운동 자금의 젖줄 - 안희제
7 3·1운동의 얼 - 유관순
8 대한민국임시정부의 안살림꾼 - 정정화
9 노구를 민족제단에 바친 의열투쟁가 - 강우규
20 미 대륙의 항일무장투쟁론자 - 박용만
21 영원한 대한민국임시정부의 요인 - 김철
22 혁신유림계의 독립운동을 주도한 선각자 - 김창숙
23 시대를 앞서간 민족혁명의 선각자 - 신규식
24 대한민국을 세운 독립운동가 - 이승만
25 한국광복군 총사령 - 지청천
026 독립협회를 창설한 개화·개혁의 선구자 - 서재필
027 만주 항일무장투쟁의 신화 - 김좌진
028 일왕을 겨눈 독립투사 - 이봉창
029 만주지역 통합운동의 주역 - 김동삼
030 소년운동을 민족운동으로 승화시킨 - 방정환
031 의열투쟁의 선구자 - 전명운
032 대종교와 대한민국임시정부 - 조완구
033 재미한인 독립운동의 표상 - 김호
034 천도교에서 민족지도자의 길을 간 - 손병희
035 계몽운동에서 무장투쟁까지의 선도자 - 양기탁
036 무궁화 사랑으로 삼천리를 수놓은 - 남궁억
037 대한 선비의 표상 - 최익현
038 희고 흰 저 천 길 물 속에 - 김도현
039 불멸의 민족혼 되살려 낸 역사가 - 박은식
040 독립과 민족해방의 철학사상가 - 김중건
041 실천적인 민족주의 역사가 - 장도빈
042 잊혀진 미주 한인사회의 대들보 - 이대위
043 독립군을 기르고 광복군을 조직한 군사전문가 - 조성환
044 우리말·우리역사 보급의 거목 - 이윤재
045 의열단·민족혁명당·조선의용대의 영혼 - 윤세주
046 한국의 독립운동을 도운 영국 언론인 - 배설
047 자유의 불꽃을 목숨으로 피운 - 윤봉길
048 한국 항일여성운동계의 대모 - 김마리아
049 극일에서 분단을 넘은 박애주의자 - 박열
050 영원한 자유인을 추구한 민족해방운동가 - 신채호

051 독립전쟁론의 선구자 광복회 총사령 – 박상진
052 민족의 독립과 통합에 바친 삶 – 김규식
053 '조선심'을 주창한 민족사학자 – 문일평
054 겨레의 시민사회운동가 – 이상재
055 한글에 빛을 밝힌 어문민족주의자 – 주시경
056 대한제국의 마지막 숨결 – 민영환
057 좌우의 벽을 뛰어넘은 독립운동가 – 신익희
058 임시정부와 흥사단을 이끈 독립운동계의 재상 – 차리석
059 대한민국임시정부의 초대 국무총리 – 이동휘
060 청렴결백한 대한민국 임시정부의 지킴이 – 이시영
061 자유독립을 위한 밀알 – 신석구
062 전인적인 독립운동가 – 한용운
063 만주 지역 민족통합을 이끈 지도자 – 정이형
064 민족과 국가를 위해 살다 간 지도자 – 김구
065 대한민국임시정부의 이론가 – 조소앙
066 타이완 항일 의열투쟁의 선봉 – 조명하
067 대륙에 용맹을 떨친 명장 – 김홍일
068 의열투쟁에 헌신한 독립운동가 – 나창헌
069 한국인보다 한국을 더 사랑한 미국인 – 헐버트
070 3·1운동과 임시정부 수립의 숨은 주역 – 현순
071 대한독립을 위해 하늘을 날았던 한국 최초의 여류비행사 – 권기옥
072 대한민국임시정부의 정신적 지주 – 이동녕
073 독립의군부의 지도자 – 임병찬
074 만주 무장투쟁의 맹장 – 김승학
075 독립전쟁에 일생을 바친 군인 – 김학규
076 시대를 뛰어넘은 평민 의병장 – 신돌석
077 남만주 최후의 독립군 사령관 – 양세봉
078 신대한 건설의 비전, 무실역행의 독립운동가 – 송종익
079 한국 독립운동의 혁명 영수 – 안창호
080 광야에 선 민족시인 – 이육사
081 살신성인의 길을 간 의열투쟁가 – 김지섭
082 새로운 하나된 한국을 꿈꾼 – 유일한
083 투탄과 자결, 의열투쟁의 화신 – 나석주
084 의열투쟁의 이론을 정립하고 실천한 – 류자명
085 신학문과 독립운동의 선구자 – 이상설
086 민중에게 다가간 독립운동가 – 이종일